The 1st step to global marketing
1からの
グローバル・マーケティング

小田部正明
栗木 契　編著
太田一樹

発行所：碩学舎
発売元：中央経済社

はじめに

　時とともに世界は、不断に変化していく。ビジネスのテキストもまた、永劫不変ではいられない。

　テキストを世に送り出す際には、「時代の潮目（the climate of the time）」を的確にとらえ、内容や文脈の吟味を怠らないようにしなければならない。私はグローバル・マーケティングの研究と教育に長らくかかわってきたが、近年はこの変化対応の必要性が一段と高まっているように思われる。

　2009年の大不況（いわゆる「リーマンショック」）は、1929年の「大恐慌」以来、最大の歴史的危機を世界経済にもたらした。日本という恵まれた環境のなかにおられる方たちには、その実感はあまりないかもしれない。しかしこのとき世界経済は、まさに悲鳴をあげて機能停止に陥り、マーケティング環境は一変したのである。

　グローバルなマーケティング環境は依然として不安定である。2015年には、中国やブラジルなど、目覚ましい成長を続けてきた新興市場において、いくつかの国が景気後退に陥った。2016年には、イギリスが国民投票によりEUからの離脱を選択した。現在もこの選択の妥当性をめぐる議論は続いており、EU域内のみならず世界の政治経済の不安定要素となっている。

　これまで、誰もが当然のことと信じてきた「世界経済の持続的成長」。このストーリーもまた、神話だったのだろうか。

　世界同時不況の様相が長期化するなかで、世界中の人々が、これまでは世界経済を利するものと信じられてきた貿易の自由化や、国際競争の活性化といった施策に、疑問を抱きはじめている。一方で、地球温暖化をはじめとする環境問題などの拡大を受けて、企業の社会的責任が、これまで以上に問われるようになっている。われわれは、誰もその結末を知らない、幾多の変化が同時進行的に進む試練の時代を生きている。

　テキストというもののひとつの役割は、今起こっている現実を的確に描写することにある。だが、それだけに終始していては、テキストはその役割を果たしたこと

はじめに

にはならない。テキストには、そこから未来のあり方を提示していく使命がある。

テキストには、上述した2つの役割がある。実はこの2つの役割は、企業にあってマーケティング担当者が応えなければならない役割でもある。

マーケティング担当者は、集めた事実にもとづいて、自分が正しいと考える決定をくだし、未来の市場を創造するべく、社内外にはたらきかける。このときにマーケティング担当者の眼前にあるのは、過去の現実が生み出した偶然の産物、そして未来という、われわれの行く手に広がる未知のイベントの連続体である。マーケティング担当者にはさらに、この両者をつなぎあわせて自社の意思を固めていく論理が必要となる。

本書では、グローバル・マーケティングの諸側面に関連する歴史的背景、あるいは現在の企業や市場の動向を紹介するとともに、それらを未来に向けてつなぎあわせていくための論理 ── 世界のさまざまな国や地域で、これまでに企業のマーケティング担当者や大学の研究者が生み出してきたモデルや理論のエッセンス ── を提示する。このような本書の内容は、グローバルに展開されるマーケティングを素材とした実践的な学習へと皆さんを導くはずである。

本書が提示するモデルや理論の主要なベースは、私とK.ヘルセンの共著作、*Global Marketing Management*（Wiley刊）にある。この書籍は、1998年に出版して以来、MBAの定番テキストとして、世界各国のビジネススクールで採用されてきた。2017年には同書の第7版が、20章立てで出版される。

同書はこれまでに、中国語、スペイン語、ポルトガル語、そして日本語に翻訳されてきた。同書の日本語版に関しては、オリジナルのなかから4つの章を抜粋して翻訳したものが『グローバル・ビジネス戦略』として2001年に同文舘出版から、内容を12の章に拡大して翻訳したものが、『国際マーケティング』として2010年に碩学舎からそれぞれ出版されている。

当然のことながら、本書はこれらの翻訳書とは大きく異なる。まず本書は、全15章で構成され、グローバル・マーケティングに関するトピックスをより包括的に扱う。これは、グローバルにビジネスを展開していくなかで企業が直面することになる多種多様な問題を幅広く理解することをうながす。

次に先の翻訳書は、米国人の視点で書かれた内容を、日本語に置き換えたものだった。しかし本書は、この翻訳書の限界を乗り越え、日本人の視点を強く反映したものとなっている。本書には、日本の学生やビジネスパーソンになじみ深い企業

はじめに

の事例が数多く含まれる。われわれが、こうした日本人の視点が大切だと考えるのは、本書の各章を通じて示していくように、マーティング活動のグローバル化は、現地適応化と手を携えて進行していくものだからである。そしてこの連携が崩れたときに、グローバル化の先にあるはずだった未来は、単なる神話と化す。

今は試練の時代である。だからこそ、本書を通じて皆さんには、多くの日本企業が試行錯誤を繰り返し、困難を乗り越えながら、いかにして海外の市場において成功をものとしてきたか、そして海外の企業が日本人のライフスタイルにいかなる影響を与えてきたかを学んで欲しい。これが本書の編者としての私の願いである。

最後に、本書の各章の基本構成について述べておこう。本書の各章では、まず個別の企業活動、あるいは消費にかかわる具体的な事例を紹介し、その後で、グローバル・マーケティングを学ぶ者が精通しておくべき、理論や概念に触れる。

この構成は、多くの類書とは正反対のアプローチである。かつてのグローバル・マーケティングのテキストでは、理論や概念を最初に説明し、その上で個別の事例を論じるという、伝統的な「演繹的」アプローチが広く採用されていた。しかし多くの初学者にとって、抽象的な理論や概念をいきなり提示されても、これを現実の事例と結びつけて考えることは容易ではない。

そこで本著では、「帰納的」アプローチを採用している。初学者にとってなじみやすい事例を用いて、理論や概念の理解への導入を果たす。このわれわれのアプローチは、自らの経験にもとづいて学ぶ「体験型」学習にも通じるものである。

本書は、読者となる皆さんに、21世紀という新たな時代を切り開いていく、適切な備えを提供するべく執筆された。激化の一途をたどるグローバルな競争環境のなかで、効率的かつ効果的なマーケティング活動を導く。そのような人材が、本書の読者のなかから生まれることを願っている。

テンプル大学フォックス経営大学院
国際ビジネス・マーケティング
ワッシュバーン・チェア教授

国際経営学会（Academy of International Business）会長
小田部正明
2016年10月1日　アメリカ合衆国ペンシルベニア州フィラデルフィアにて

CONTENTS

はじめに　i

第1部　進むグローバル化

第1章　グローバル・マーケティングへの招待 ── 3
1　はじめに ……………………………………………………………… 4
2　活気づくインバウンド観光 ………………………………………… 4
　黒字転換した旅行収支・4
　国内観光産業の転換・5
　観光産業の外へも広がる新たな動き・6
3　グローバル・マーケティングを学ぶ ……………………………… 9
　グローバル時代のマーケティング・9
　グローバル化という国内問題・10
4　なぜ、グローバル化は止まらないのか ………………………… 11
　世界の先進国市場の成熟化・11
　グローバルな企業間の協調や連携の必要性の増大・13
　インターネットの普及とeコマースの拡大・13
　グローバル化は文化の多様性を喪失させるのか・14
5　おわりに …………………………………………………………… 16
　Column 1 - 1　グローバルな巨大企業の盛衰・11
　Column 1 - 2　比較優位の理論・15
　考えてみよう・次に読んで欲しい本・17

◆ 目　次

第2章　グローバル・マーケティングの発展 ―――― 19
1　はじめに………………………………………………………… 20
2　発展を続けるパナソニックのグローバル・マーケティング‥ 20
輸出からはじまった海外展開・20
進む現地化・21
グローバルな同時展開へ・22
3　グローバル・マーケティングの発展段階……………………… 23
時間とともに変化するステージ・23
国内マーケティング・24
輸出マーケティング・25
インターナショナル・マーケティング・26
マルチナショナル・マーケティング・26
グローバル・マーケティング・27
4　グローバル・マーケティングの発展を支える組織…………… 27
国際事業部の設置・27
グローバル製品別事業部制・29
地域別事業部制・29
グローバル・マトリックス組織・29
5　おわりに………………………………………………………… 31
Column 2-1　E-P-R-Gプロファイル・24
Column 2-2　ボーングローバル企業・30
考えてみよう・次に読んで欲しい本・31

第2部　グローバル市場の把握

第3章　グローバルな文化環境 ―――――――――― 35
1　はじめに………………………………………………………… 36
2　インドネシアでのグリコのポッキー…………………………… 36

2

グリコ・インドネシアの設立・36
　　　ハラル認証・37
　　　インドネシアの文化を踏まえたアプローチ・37
　　　「日本」ブランドの訴求・39
　　　ラマダン前後の販促活動・39
　3　異なる文化のもとでの消費 ………………………………… 40
　　　ゲマワットのCAGEの枠組み・40
　　　グローバル・マーケティングにおける4P・42
　4　まとめ ……………………………………………………… 44
　　　Column 3-1　低コンテクストの文化と高コンテクストの文化・41
　　　Column 3-2　文化的な消費者のアイデンティティの複雑さ・43
　　　考えてみよう・次に読んで欲しい本・45

第4章　グローバル市場調査 ―――――――――― 47
　1　はじめに …………………………………………………… 48
　2　インドのインスタント・ヌードル市場 …………………… 48
　3　グローバル市場調査の実際 ………………………………… 49
　　　2次資料の分析・49
　　　現地調査・53
　4　おわりに …………………………………………………… 58
　　　Column 4-1　市場調査会社の選び方／コストの考え方・55
　　　Column 4-2　現地調査の代替手段・57
　　　考えてみよう・次に読んで欲しい本・59

第5章　グローバルな市場規模推定 ―――――――― 61
　1　はじめに …………………………………………………… 62
　2　ピジョンの中国市場への進出 ……………………………… 62
　　　日本の哺乳器のトップ企業・62
　　　中国市場への進出・63
　　　中国市場でのプロモーション・65

❖ 目　次

3　市場規模推定の３つの方法……………………………………… 67
市場の潜在的な可能性を見積もる・67
類似性にもとづく方法・67
比率連鎖法・69
クロス・セクション回帰分析・69

4　おわりに……………………………………………………………… 71
Column 5-1　市場をどのように定義するか・64
Column 5-2　マーケティング活動の従属変数としての市場規模・72
考えてみよう・次に読んで欲しい本・73

第６章　グローバル市場セグメンテーション────── 75

1　はじめに……………………………………………………………… 76
2　キヤノンのEOS Kissのグローバル・ポジショニング………… 76
EOS Kissシリーズ・76
北米における「EOS REBEL」・77
日本における「EOS Kiss」・78
ヨーロッパでの「EOS 500」・78
国や地域によって異なるターゲットとポジショニング・79

3　グローバル市場におけるセグメンテーション………………… 80
セグメンテーションとは・80
グローバル・マーケティングにおけるセグメンテーションの重要性・81
ユニバーサル・セグメント・81
地域セグメント・83
多様化セグメント・83

4　グローバル市場セグメンテーションの基準…………………… 85
セグメンテーションで重要なグループ分けの基準・85
人口統計変数・85
社会経済的変数・86
行動変数・86
ライフスタイル変数・87

5 おわりに……………………………………………………… 87
　Column 6-1　STPマーケティング・82
　Column 6-2　文化とセグメンテーション・86
　考えてみよう・次に読んで欲しい本・87

第3部　グローバル市場の攻略

第7章　グローバル・マーケティング戦略 ── 91
1 はじめに……………………………………………………… 92
2 世界のアイデアを統合させたP&Gの洗剤………………… 92
　P&Gの海外進出・92
　事業のグローバル化・93
　世界中の最先端技術を集結させた製品開発・94
　現地ニーズへの適応化・95
　マーケティングのグローバル化がもたらす利点・96
3 グローバル・マーケティング戦略………………………… 97
　グローバル・マーケティング戦略の基本構成・97
　グローバルな標準化の利点と限界・98
　マーケティングのプログラム、プロセス、ネットワーク・98
4 おわりに…………………………………………………… 103
　Column 7-1　世界市場におけるマーケティングの標準化可能性の程度・99
　Column 7-2　競争分析・100
　考えてみよう・次に読んで欲しい本・103

第8章　グローバル市場参入戦略 ── 105
1 はじめに…………………………………………………… 106
2 海外のパートナーとともに歩む味千ラーメン…………… 106
　はじまりは8席だけの小さな店・106
　台湾出店の挫折・107

◆ 目　次

　　　転機となった香港出店・107
　　　中国、シンガポール、そして世界へ・108
　　　現地パートナーとの協力から生まれる成長・109
　　3　海外市場への参入方法……………………………………………110
　　　海外直接投資を伴わない海外市場参入方法・110
　　　海外直接投資による海外参入方法・115
　　4　おわりに……………………………………………………………116
　　　Column 8-1　グローバルなフランチャイジングの3タイプ・113
　　　Column 8-2　海外M&Aの加速・116
　　　考えてみよう・次に読んで欲しい本・117

第9章　グローバル製品戦略─────────────── 119
　　1　はじめに……………………………………………………………120
　　2　中国におけるダイキンの製品戦略………………………………120
　　　「ぴちょんくん」世界に羽ばたく・120
　　　中国市場への参入・121
　　　生産と開発の現地化へ向けた取り組み・123
　　3　グローバル市場に向けた製品とサービスの展開………………125
　　　製品やサービスの標準化とその限界・125
　　　モジュラー方式と共通プラットフォーム方式・126
　　　新たな製品やサービスの導入のタイミング・127
　　　技術知識・市場知識のマネジメント・128
　　4　おわりに……………………………………………………………129
　　　Column 9-1　技術の国際標準化・124
　　　Column 9-2　事業の収益原理・127
　　　考えてみよう・次に読んで欲しい本・130

第10章　グローバル・ブランド戦略────────── 131
　　1　はじめに……………………………………………………………132
　　2　グローバル・ブランドへと歩むレクサス………………………132

レクサス誕生の背景・132
ゼロからの新ブランド構築・133
日本での展開・134
グローバル・ブランドとしての課題・135
3　グローバル・ブランドの活用方法……………………………………137
ブランドとは何か・137
グローバル・ブランドの利点と欠点・137
4　商標権・著作権の侵害への対応……………………………………141
5　おわりに……………………………………………………………141
Column 4-1　ブランド資産・139
Column 4-2　原産国効果・142
考えてみよう・次に読んで欲しい本・142

第11章　グローバル価格戦略 ———————— 145
1　はじめに……………………………………………………………146
2　スターバックスのラテの値段は？……………………………………146
3　価格設定の天井と床…………………………………………………150
4　価格設定の諸要因……………………………………………………151
顧客価値の違い・151
企業のコストの違い・152
マーケティング目標の違い・153
直面する競争の違い・154
流通チャネルの違い・154
政府の政策の違い・155
5　おわりに……………………………………………………………155
Column11-1　変動コストと固定コスト・153
Column11-2　為替変動への対応・156
考えてみよう・次に読んで欲しい本・157

❖ 目　　次

第12章　グローバル・コミュニケーション戦略 ── 159
1　はじめに ………………………………………………………… 160
2　マスターカードの「プライスレス・キャンペーン」………… 160
プライスレス・キャンペーンの基本ストーリー・160
日本におけるプライスレス・キャンペーン・162
海外におけるプライスレス・キャンペーン・163
3　グローバル・コミュニケーションで変えるべきこと、変えざるべきこと ………………………………………………… 165
4　グローバル・コミュニケーションにおける標準化 ………… 166
プロモーションにおける標準化のメリット・166
プロモーションにおける標準化の阻害要因・167
トレード・オフを超えて・169
5　おわりに ………………………………………………………… 170
Column12-1　THINKとFEEL・168
Column12-2　比較広告・169
考えてみよう・次に読んで欲しい本・171

第13章　グローバル営業戦略 ── 173
1　はじめに ………………………………………………………… 174
2　コニカミノルタの複合機事業 ………………………………… 174
コニカミノルタと複合機市場・174
マネージド・プリント・サービス（MPS）・175
ヨーロッパ市場における躍進・176
グローバル顧客への営業・177
3　グローバル営業のマネジメント ……………………………… 179
グローバル・アカウント・マネジメント（GAM）・179
グローバル企業からの要請・180
GAMの実施に向けた取り組み・180
4　グローバルな顧客関係マネジメント（CRM）……………… 181

5　おわりに……………………………………………………………………… 183
　　　　Column13-1　エフェクチュエーション・178
　　　　Column13-2　組織間関係の5つのレベル・182
　　　　考えてみよう・次に読んで欲しい本・184

第4部　グローバル競争の場としての日本

第14章　グローバル小売の店舗戦略 ── 187
　　1　はじめに……………………………………………………………………… 188
　　2　カルフールの日本市場進出………………………………………………… 188
　　　　21世紀の黒船・188
　　　　品揃えの薄さとカルフールの撤退・190
　　3　コストコの日本市場進出…………………………………………………… 191
　　　　成功が疑問視されていたコストコ・191
　　　　独自の店舗コンセプトと魅力のある品揃え・192
　　　　一貫した店舗コンセプトの追求と消費者購買行動の変化・193
　　4　日本市場でのグローバル小売……………………………………………… 195
　　　　チェーン・オペレーションと標準化─適応化問題・195
　　　　現地消費者との相互作用と需要の創造・197
　　5　おわりに……………………………………………………………………… 198
　　　　Column14-1　日本の伝統的な購買習慣「小口当用買い」・193
　　　　Column14-2　グローバル小売企業における「権限委譲」の問題・196
　　　　考えてみよう・次に読んで欲しい本・198

第15章　グローバル企業の日本市場参入 ── 201
　　1　はじめに……………………………………………………………………… 202
　　2　日本市場におけるコカ・コーラの事業展開……………………………… 202
　　　　日本コカ・コーラの沿革・202

❖ 目　次

　　　日本市場への参入初期の状況と苦労・203
　　　日本コカ・コーラの戦略・204
　　　日本人トップの誕生と独自製品の開発・205
　　　缶コーヒーの苦い経験を活かした開発体制・205
　3　**グローバル企業にとっての日本市場**……………………… 206
　　　外資系企業が日本市場で直面する課題・206
　　　拡大が続く外資系企業の事業展開・207
　　　外資系企業から見た日本市場・208
　4　**外資系企業の貢献とイノベーション**……………………… 209
　　　日本市場への外資系企業の参入促進・209
　　　外資系企業がもたらすイノベーション・210
　5　**おわりに**……………………………………………………… 211
　　　Column15-1　政府の対日投資促進・209
　　　Column15-2　日本市場で成功するグローバル企業の特徴・211
　　　考えてみよう・次に読んで欲しい本・212

索　引……………………………………………………………… 213

第1部

進むグローバル化

第1章

グローバル・マーケティングへの招待

1　はじめに
2　活気づくインバウンド観光
3　グローバル・マーケティングを学ぶ
4　なぜ、グローバル化は止まらないのか
5　おわりに

❖ 第1部　進むグローバル化

1　はじめに

　「グローバル」といわれても、私には縁遠い世界の話に思える。そんな声を聞くことが少なくない。

　たとえば私のある友人の勤務先は、日本の地方都市のサービス企業である。社是は「地域につくす」だ。彼が、「マーケティングには関心があるが、『グローバル』は関係ない」と語るのもよくわかる。

　しかし彼もまた、グローバル・マーケティングを避けて通ることはできない。社会や産業のグローバル化が進むなかで、グローバル・マーケティングは、特殊な専門家に限定されない、幅広いビジネスパーソンにとっての重要問題となっている。

　あなたにとっても問題は同じだ。グローバル化とは、日本の私たちの日常が世界とより直接的につながっていくことなのである。

　本章では、社会や産業のグローバル化が進む基本要因を振り返り、グローバル・マーケティングの学びの必要性が広がっていることを確認していこう。

2　活気づくインバウンド観光

❖ 黒字転換した旅行収支

　日本の観光名所を多くの外国人観光客が楽しげに行き交い、日本の風景や伝統芸能や食を楽しむ。各地の商業施設では、外国人観光客向けの免税ショップの開設が進む。新幹線やカフェのとなりの席でも、外国語が飛び交う。社会と産業のグローバル化が進むなかで、私たちの身近にもこのような日常が出現している。

　日本で観光が重要な国家的課題ととらえられるようになったのは、2003年（平成15年）の小泉総理大臣（当時）による「観光立国宣言」以降のことである。同年には、インバウンド（海外に居住する人（外国人）の日本旅行）促進のための「ビジットジャパン事業」がスタートした。当初は緩慢な伸びだった訪日外国人の数も、近年では急激な拡大を見せるようになっている（図表1-1）。

【図表1-1 訪日外国人来訪者数および出国日本人数の推移(単位:万人)】

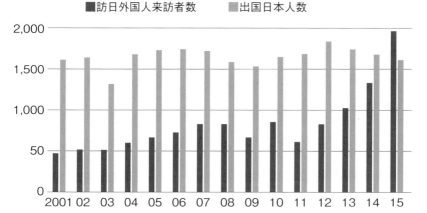

(注)訪日外国人来訪者数とは、観光目的も含む入国者数である。
(日本政府観光局(JNTO)のデータを使用し、筆者作成)

　同じ国際観光であっても、国際収支統計ではインバウンド観光は「輸出」、アウトバウンド観光(日本人の海外旅行)は「輸入」として扱われる。2015年には、この旅行収支における輸出額が、輸入額を上回る結果となった。これは訪日外国人が大きく伸びた結果であり、53年ぶりの旅行収支の黒字化として話題を集めた。

❖ 国内観光産業の転換

　長らく日本の観光地は、日本人を主要な顧客としてきた。しかしそれだけでは、人口減少や高齢化が進む日本において、将来に向けた成長戦略を描くことは困難である。一方で、右肩上がりに増え続ける外国人観光客は、国内の観光事業者が活路を開くうえでの重要な存在である。インバウンド観光需要を取り込むためにも、観光産業ではビジネスモデルの変革や各種の制度の見直しが急務となっている。

　観光大手の株式会社ジェイティービー(JTB)は、インバウンド観光の取扱額においても、大きな存在である。JTBは、主要旅行事業者インバウンド観光の取扱額全体の約半分を占める。そのなかでJTBは、外国人の団体観光客だけではなく、個人観光客にも対応できる商品開発や販売体制を強化するとともに、「旅行」だけに限定されない、訪日外国人の消費行動に着目した販売やプロモーションに関わる事業にも着手している。

❖ 第1部　進むグローバル化

　一方、各地の自治体や観光協会などは、海外からの誘客に向けたプロモーションに取り組むとともに、受け入れ環境の整備に力を入れる。公共ゾーンにおけるフリーWi-Fiスポットの整備や、案内表示の多言語化、そして観光事業者に向けた異文化対応に関するセミナー開催などが、各地で展開されている。

　しかし、インバウンド観光の拡大は、同時に既存の観光事業者にとっての新たな不安も生んでいる。そのひとつが、異業種からの新たな参入である。たとえば、宿泊事業では、本社をアメリカのサンフランシスコにかまえ、世界数百万人の利用者をかかえるAirbnb（エアービーアンドビー）のようなインターネット・コミュニティ事業の出現によって、一般の人でも民泊ビジネス（空き部屋を観光客に貸して泊まってもらい、収入を得ること）に容易に参入できるようになってきている。グローバル化は、こうした新たな競争相手を国内に呼び込んだり、掘り起こしたりする動きも加速化する。

❖ 観光産業の外へも広がる新たな動き

　訪日外国人を魅了しているのは、日本の美しい自然や食事、あるいは伝統文化だけではない。日本のものづくりと技術の産物である「メイド・イン・ジャパン」「ジャパンブランド」もまた、彼らを魅了し、購買意欲を刺激している。

　2015年には、「爆買い（外国人観光客が一度に大量に商品を購買すること）」という造語が、『現代用語の基礎知識』選ユーキャン新語・流行語大賞において年間大賞トップスリーのなかに選ばれた。この年の、この現象の社会的なインパクトの大きさがうかがわれる。

　インバウンド観光から生じる需要は、観光産業以外の企業にとっても見逃すことのできない商機となっている。たとえば、株式会社ビックカメラでは、2015年10月の国慶節（中国の建国記念日）期間中の免税売上高が前年の2倍となるなど、外国人観光客への売上げが大きな伸びを見せた。変化が早いのが、インバウンド観光にかかわる需要の特徴である。ビックカメラは、この時期に図表1-2のような事業を矢継ぎ早に展開している。

　インバウンド観光の拡大を受けて、国内ポップカルチャーのマーケティングにも新たな動きが生じている。アソビシステム株式会社は、2007年創業の新しい企業である。日本独自の文化である「HARAJUKU CULTURE」に焦点を当て、ファッション・音楽・ライフスタイルといった、東京・原宿の街が生み出すコンテ

第1章　グローバル・マーケティングへの招待

【図表1-2　(株)ビックカメラのインバウンド事業の展開（2015年度）】

発表日	事業内容	目的	協力・連携先
平成27年12月3日	シダックス㈱との共同新業態店舗を新宿歌舞伎町に出店	両社が連携した販売促進施策及びその他の取り組みの推進	シダックス㈱
	レストランカラオケ・シダックス㈱が提供する「個室・食提供・休息」と、㈱ビックカメラおよびビックドラッグ（ビックカメラ店舗内で展開する医薬品、日用品等の専門店）が提供する「ドラッグ、およびヘルス&ビューティー家電」を融合させ、ワンストップで"食・エンタテインメント・物販"が楽しめる、全く新しいインバウンド対応店舗の出店	訪日外国人観光客の利用状況を検証・分析し、拡大市場にあるインバウンド需要獲得に向けた店舗設計、メニュー開発、サービスの拡充、品揃えなどに反映するとともに、全国の主要拠点でインバウンド対応を図っていく	
平成27年12月17日	日本空港ビルディング㈱との合弁会社設立に関する基本合意	訪日外国人の国内消費を取り込み、多様なニーズへ対応すること。	日本空港ビルディング㈱
		他空港との差別化および航空旅客の利便性向上を目的に、羽田空港等、国内の空港での免税事業に加え国外での展開も視野に入れた空港型の家電製品を中心としたセレクトショップの展開を推進すること。	
平成27年12月22日	春秋グループとの業務提携ならびに春秋航空日本㈱への出資	中国人を対象としたインバウンド事業の一層の拡大	春秋グループを率いる上海春秋国際旅行者集団有限公司、春秋航空日本㈱
	業務提携の内容は、①春秋国際旅行社で訪日旅行を申し込まれたお客様や春秋航空で訪日されるお客様に、春秋航空機内（日本路線）や春秋グループ各HP、SNSで同社優待クーポン等の優先配布や配信、②春秋グループの空港カウンターや機内雑誌・設備等を通じたプロモーション		
平成28年2月3日	平成29年春、空港型市中免税店㈱を大阪なんば店にオープンすることを発表	観光客の新たな消費の喚起と利便性をより一層高めること	新関西国際空港㈱、㈱ビックカメラのグループ会社㈱関西エアポートエージェンシー、ロッテ免税店（韓国における市中免税事業のパイオニア。免税売上世界3位）

(ビックカメラHP、IRニュースをもとに筆者作成)

❖ 第1部　進むグローバル化

【写真1－1　原宿にある訪日外国人向け観光案内所「MOSHI MOSHI BOX」】

（写真：筆者撮影）

ンツをサポートしながら、国内はもとより、世界に向けて発信する活動を展開している。同社所属のタレント、きゃりーぱみゅぱみゅは、今では「HARAJYUKU CULTURE」を象徴するアーティストとなっている。

　このアソビシステムが、2014年（平成26年）12月に新たに設立したのが、もしもしにっぽん株式会社である。この時、同社は、「MOSHI　MOSHI　BOX」の1号店を、訪日外国人向けの観光案内所として東京・原宿に設置した。アソビシステムは、この観光案内所を独自文化の発信手段としながら、日本のポップカルチャーのファン層拡大を図りつつ、自社のビジネスをグローバルに進展させる足がかりとしていこうとしている。このように、インバウンド観光は、既存の観光事業者にとどまらない、さまざまな企業から新たなビジネスの機会として注目されるようになっている。

3 グローバル・マーケティングを学ぶ

❖ グローバル時代のマーケティング

　マーケティングとは、企業が、顧客との関係の創造と維持を、さまざまな企業活動を通じて実現していくことである（石井淳蔵、嶋口充輝、栗木契、余田拓郎『ゼミナール・マーケティング入門・第2版』日本経済新聞出版社、2013年）。マーケティングは、企業が製品やサービスの創造的なアイデアを生み出したり、利益率を高める価格政策を編み出したり、需要を拡大するプロモーションや流通チャネルの計画を立案したりすることなどにかかわる。そのねらいは、自社の製品やサービスを交換に導き、現在さらには未来の顧客のニーズを満たすことにある。

　マーケティングにあたっては、複眼的な思考が必要となる。企業のマーケティング担当者（マーケター）は、顧客を満足に導くだけではなく、自社の利益の獲得も合わせて実現しなければならない。加えてマーケターは、顧客への対応に注力するあまり、競合企業の動きを見落とすことのないようにも努めなければならない。前日までは、自社の製品やサービスに満足していた顧客も、ひとたび競合企業がより良質で、より安価な製品やサービスを発売すれば、その行動を一変させてしまうかもしれない。

　グローバル化とは、企業活動や社会現象が全地球化していくことである。以前は似たような活動や現象が、「国際化」あるいは「多国籍化」といった言葉のもとで論じられていた。国際化、多国籍化、そしてグローバル化は、当初は2国間、あるいは3国間のやり取りとして開始する。しかし現在では、世界中のさまざまな企業がこのやり取りを広げていくなかで、その活動を全地球規模に拡大するようになっている。グローバル化とは、産業や社会の国際化や多国籍化が高度に進展した状態だということができる。

　グローバル・マーケティングの理論や概念は、国境を越えた企業活動や社会現象の展開が進むなかでのマーケティングの実践や課題を理解し、その分析や計画や実行を進めるのに役立つ。グローバル・マーケティングの学びとは、企業が顧客との関係の創造と維持を、さまざまな企業活動を通じて実現していくうえで、いかにグ

❖ 第1部　進むグローバル化

ローバル化と向き合うべきかを学ぶことなのである。

❖ グローバル化という国内問題

　グローバル化は、この半世紀ほどにわたって続く、産業と社会の長期的なトレンドである。観光だけではない、音楽でもファッションでも、製品やサービスがグローバルに流通し、消費される動きは広がる一方である。

　マーケティングを学び、実践しようとしている皆さんは、このグローバル化という現象を、海の彼方で展開される、遠い世界でのできごとと考えていてはならない。今日では、多くの日本企業が海外での販路や事業拠点を拡大するようになり、多くの日本人が海外で活躍するようになっている。その一方で、多くの製品やサービスや情報が海外から日本に流入するようになり、多くの人たちが海外から日本を訪れるようになっている。

　このようにマーケティングのグローバル化は、双方向の動きのなかで進展している。そのひとつの現れが、活気づく日本のインバウンド観光である。

　グローバル化とは、極めて二面的な現象である。グローバル化は、世界の産業と社会のトレンドであるとともに、私たちの日常の生活や仕事とも直結している。だからこそ、多くの人たちにとって、グローバル・マーケティングを学ぶ必要性が高まっているわけだ。今やグローバル・マーケティングは、世界を飛び回る国際派のビジネスパーソンだけのものではなく、草の根のビジネスを行う人たちにとっても欠かせない知識となっている。

　グローバル・マーケティングを学ぶ必要があるのは、産業と社会のグローバル化には光と影があるからでもある。わが国のインバウンド観光にも、負の側面はある。急激な外国人観光客の増加により、受け入れ側の地域住民や日本人観光客との軋轢（あつれき）が生じるケースもないわけではなく、今後はさらなる受け入れ環境の整備と、住民の不満解消などの対応が求められる。産業と社会のグローバル化が急速に進む現代では、国内にあってもそのメリットを享受したり、デメリットを克服したりするために、問題としっかりと向き合っていく必要がある。

4 なぜ、グローバル化は止まらないのか

❖ 世界の先進国市場の成熟化

　なぜ、産業と社会のグローバル化が進むのか。マーケティングの立場から見たときに重要となる要因を確認していこう。

　第1の要因としては、世界の先進国では国内市場が成熟化しており、企業が成長機会を求めようとすれば、国境を越えた事業活動に乗り出さなければならないことが挙げられる。国際的な物流や通信のインフラの整備が進んだことも、この動きを後押しする。

Column 1 – 1

グローバルな巨大企業の盛衰

　世界のトップ企業の変遷を追うことからも、グローバル・マーケティングのトレンドが浮き彫りになる。図表1-3は、1970年以降のアメリカの経済雑誌の『フォーチュン』が発表してきた世界企業の売上高ランキング上位100社の推移を国別にまとめたものである。

　日本企業についていえば、戦後復興と高度経済成長を果たした20世紀後半に、世界の100大企業における躍進を果たす。しかし21世紀に入る前後から、日本経済は度重なる不況に見舞われ、人口についても高齢化のなかで減少トレンドへと転じる。世界の100大企業に選ばれる日本企業は2000年には22社あったが、2015年には7社へと減少する。

　1970年には世界の100大企業の過半数はアメリカ企業であった。しかし現在のアメリカ企業には、かつてのような圧倒的な存在感はない。とはいえ、依然としてアメリカは世界の100大企業の最大の輩出国である。

　全体のトレンドとしてはっきりしているのは、世界の100大企業の国籍の分散化である。21世紀に入ってから目につく変化は、アジアの企業の台頭であり、なかでも中国企業の存在感が急激に増している。

◆ 第1部　進むグローバル化

【図表1－3　世界の100大企業の国別変化】

	1970	1980	1990	2000*	2015
アメリカ合衆国**	64	45	33	36	32
中国	0	0	0	2	17
ドイツ	8	13	12	12	8
フランス	3	12	10	11	8
日本	8	8	16	22	7
イギリス	9	7	8	6	5
イタリア	3	4	4	3	4
韓国	0	0	2	0	3
オランダ	4	5	3	7	3
ロシア	0	0	0	0	3
スイス	2	3	3	4	2
スペイン	0	0	2	0	1
ブラジル	0	1	1	0	1
メキシコ	0	1	1	0	1
ノルウェイ	0	0	0	0	1
マレーシア	0	0	0	0	1
ベネズエラ	0	1	1	0	1
台湾	0	0	0	0	1
タイ	0	0	0	0	1
ベルギー**	0	1	1	1	0
フィンランド	0	0	1	0	0
スウェーデン	0	0	2	0	0
オーストリア	0	0	1	0	0
南アフリカ	0	0	1	0	0
カナダ	0	2	0	0	0
オーストラリア	1	0	0	0	0
インド	0	0	0	0	0
ルクセンブルク	0	0	0	0	0
合計**	102	103	102	104	100

＊　フォーチュン・グローバル500の対象企業が変更され、小売業や商業を含めたサービス企業を含むようになった。

＊＊国際的な合弁企業を含む。そのため、合計が100を超えることがある。

(出典：M. Kotabe & K. Helsen, *Global Marketing Management*, Seventh Edition, Wiley, 2017)

現代の先進国の企業にとって、グローバル化は極めて重要な成長機会である。日本の優良企業のあいだで成長機会を海外に求める動きが広がるだけではなく、国内市場では、モバイル端末やデジタルコンテンツ配信、ファストファッションや高級自動車など、さまざまな市場分野で海外企業の製品やサービスの存在感が増している。

一方で、人口の伸びや経済成長が鈍化している先進国とは対照的に、発展途上国には高い水準の人口と経済の拡大の余地がある。日本だけではなく、世界の優良企業が成長機会を求めて、台頭著しい中国やインド、さらにはアフリカの市場でしのぎを削るようになっている。

❖ グローバルな企業間の協調や連携の必要性の増大

第2の要因は、グローバルな企業間の協調や連携の必要性の高まりである。これも先進国に共通する現象だが、特に先端産業においては研究開発費が高騰している。IT産業、自動車産業、医薬産業などでは、世界の優良企業が国境を越えて連携することで、巨大な研究開発プロジェクトに共同で取り組む動きが広がっている。

さらに、第1の要因で取り上げたように、国境を越えた事業活動が活発化するなかで、新技術のグローバルな普及が迅速化し、製品やサービスのライフサイクルが短くなってきていることも、このグローバルな企業間の協調や連携の必要性を高める。たとえば、かつて1950年代から60年代の時期に、アメリカで最初に発売されたカラーテレビが、日本やヨーロッパに普及していくには、6年ほどのタイムラグがあった。ところが1980年代のCDの普及では、このタイムラグは1年ほどになった。そして1990年代のペンティアム（当時のハイエンドCPU）を搭載したパソコンの発売は、台湾、インド、アメリカそして日本でほぼ同時期に行われた。

こうした普及の迅速化や、ライフサイクルの短縮化に乗り遅れないようにするためには、世界規模での事業展開を一気に成し遂げる必要がある。その一方で、事業への投資資金の回収期間は必然的に短くなる。巨大化するだけではなくリスクも高まる先端ビジネスが、世界の優良企業をグローバルな協調や連携へと向かわせている。

❖ インターネットの普及とeコマースの拡大

第3の要因は、インターネットによる情報の流通、そして電子商取引（eコマー

ス）の増加である。インターネットの普及は、グローバルな情報流通の劇的な増加を引き起こしている。2005年には全世界で10億人ほどだったインターネット利用者は、その後も拡大を続け、2013年には27億人を超える。この年の日本のインターネット利用者は1億人と、中国、アメリカに次ぐ世界第3位の規模である。世界のインターネット利用者については、近年では特に中低所得国での伸びが大きく、世界のインターネット人口に占める中低所得国の比率は、2004年の21％から2012年の48％へと拡大している（総務省『平成26年版 情報通信白書』）。

　eコマースの拡大も止まらない。2014年のグローバルな消費者向けのeコマース市場の規模は160兆円ほどにのぼる。日本についていえば、2014年の消費者向けeコマース市場の規模は8兆円ほど（旅行売上げ等を含めると12兆円）であり、中国、アメリカ、イギリスに次ぐ世界第4位の規模である。日本の物販分野でeコマースが小売売上げに占める比率は、2010年の2.8％から、2014年の4.4％へと大きく成長している。

　さらにeコマースでは、消費者が居住している国以外に国籍をもつ事業者から購買を行う、越境取引（Cross Border Shopping）が容易である。中国の人たちが、ネット通販で日本から買い物をするなどの動きが新たに広がる。もっとも、この国境を越える消費は一気に実現するわけではなく、小売企業が越境eコマースを推進しようとすれば、国際物流、各国の法規制、多様な決済手段、現地商慣習などに、多言語で対応していかなければならない。そのために現時点では、積極的に越境eコマース取り組む小売企業は限定的である。しかし今後は、eコマース全体の成長を上回るペースで越境eコマースの成長が進むことが予想されている（経済産業省『平成26年度 我が国経済社会の情報化・サービス化に係る基盤整備（電子商取引に関する市場調査）報告書』）。

❖ グローバル化は文化の多様性を喪失させるのか

　世界の先進国市場の成熟化、企業間の協調や連携の必要性の増大、そしてインターネットの普及とeコマースの拡大。そのなかで近年、マーケティングのグローバル化が進む。このグローバル化のトレンドは、企業の成長や競争優位の獲得のみならず、さまざまな影響を社会にもたらす。

　産業や社会のグローバル化は、世界の文化の多様性を破壊するという主張がある。たとえば、食の流通がグローバル化し、外食産業のグローバルなチェーン展開が広

Column 1 − 2

比較優位の理論

比較優位とは、19世紀の経済学者D.リカードが提示した理論で、各国が比較優位にある分野に特化することで、貿易による利益が生じることを示す。

単純化した仮想事例で、比較優位理論を考えてみよう。世界には2つの国(日本とタイ)と2つの製品(パソコンと椅子)しかないとする。日本の労働者は1日に6台のパソコンまたは2脚の椅子をつくることができる。タイの労働者が1日につくることができるのは、2台のパソコンまたは1脚の椅子である。つまり、日本の労働者の生産性は、パソコン、椅子のいずれでも、タイよりも絶対的に優っている。

直感的には、日本は、いずれの製品においても生産性が高いのだから、貿易がはじまれば、日本の企業がパソコンも椅子もタイに輸出し、タイ企業は日本企業にいずれの分野でも勝てないように思える。

だが詳細に見ると、日本のタイに対する優位性は、椅子では2対1だが、パソコンでは3対1である。日本は、椅子よりもパソコンの生産性において、より大きくタイに優る。つまり、日本は、パソコンの生産に比較優位があり、タイは椅子の生産に比較優位がある。

さて貿易がはじまる以前は、日本はパソコン100台、椅子20脚を生産し、タイはパソコン40台、椅子30脚を生産していたとしよう。世界全体としては、パソコン140台、椅子50脚が生産されていたことになる。

比較優位理論では、貿易がはじまれば、日本は比較優位があるパソコン生産に専門特化し、タイは比較優位がある椅子生産に専門特化するべきだ、ということになる。日本は、以前の20脚の椅子の生産を止めれば、代わりに60台多くパソコンを生産できるようになる。同様に、タイはパソコン生産から椅子生産にシフトすることで、20脚多くの椅子を生産できるようになる。こうして世界の総生産は、パソコン160台、椅子50脚となる。

このように日本とタイが、貿易を行うことを前提に、それぞれが比較優位に特化すれば、世界全体としてのより多くの生産を実現できることになる。これが比較優位理論の示す貿易の効果である。

がるにつれて、人々は世界のどの街でも、同じようなレストランで同じような料理を楽しむようになっている。このような現象を見れば、グローバル化は世界の文化

を画一化させると考えたくなる。

　だが私たちは、ある面ではこの現象のなかで、より多くの多様性を享受するようになっている。今の日本では、多くの人たちが日常的に、アメリカ流のハンバーガーやドーナツ、フランス産のチーズやワイン、あるいはアジアの国々に由来するスパイシーな料理を楽しんでいる。このグローバル化がもたらした多様なスタイルのなかで、私たちは、以前にはあり得なかった食の豊かさを享受している。

　食だけではない。映画や音楽、ファッションなどにおいても同じことがいえる。アメリカ人が寿司を味わい、フランス人がハリウッド映画のDVDを借りる。日本の女子高生がマライア・キャリーにあこがれ、ジャワ島の人形劇に興味をもつ。これらはある面では文化の多様性の喪失なのであり、別の面ではその増加である。

　T. コーエン氏は、グローバル化のなかでは、文化の多様性を単一の尺度でとらえようとすることが誤りなのだと述べる（『創造的破壊』NTT出版）。2つの国で、製品やサービスの行き来が増えれば、両国は以前よりもより似たものとなる。しかしこのとき、2つの国において消費者が享受する多様性は増加し、その選択肢は増すことになる。論じなければならないのは、グローバル化によって、文化の多様性が増えるか、減るかではなく、誰にとってどのような多様性が増したり減じたりするかである。

　マーケティングのグローバル化がもたらすのは、こうした複線的な現象である。だからこそ、グローバル・マーケティングには論争や議論が絶えないのであり、私たちは学び続けなければならない。

5　おわりに

　産業と社会グローバル化は、現代の長期的なトレンドである。このトレンドは、海外でのマーケティングを拡大しようとしている日本企業にとっても、国内でのマーケティングに力を入れようとしている企業にとっても無視することができない重要問題となっている。さらにいえば、地域で暮らす人たちの生活においても、このトレンドは大きく影響するようになっている。

　産業と社会のグローバル化が続く背景には、世界の先進国市場の成熟化、グローバルな企業間の協調や連携の必要性の増大、インターネットの普及とeコマースの拡大がある。そのなかで進むマーケティングのグローバル化は、ある局面では文化

の多様性を増加させながら、別の局面では逆の影響をもたらすなど、単一の尺度ではとらえることのできない現象として展開している。こうした複線的な問題認識を導く思考枠組みを、私たちはグローバル・マーケティングを学ぶなかで養っていく必要がある。

❓ 考えてみよう

1. インバウンド観光が観光地にもたらす光（期待される点）と影（不安な点）を整理してみよう。
2. 昨年度年訪日外国人旅行者（総数）の国・地域別割合で上位３つの国・地域はどこか調べてみよう。
3. 日本政府観光局（JNTO）のホームページに掲載されているマーケティング・データ「JNTO訪日旅行データハンドブック」（http://www.jnto.go.jp/jpn/statistics/databandbook.html）を参照して、上位３つの国や地域について観光を目的とした次の４つ（ア．訪日回数１回目の割合、イ．滞在日数で最も多い割合の日数、ウ．訪日前に期待していたこと上位３つ、エ．１人当たりの支出額（全体））を比較してみよう。

次に読んで欲しい本

小田部正明、クリスティアン・ヘルセン著、栗木契監訳、平田真理、西崎和子、渡辺紗理菜訳『国際マーケティング』碩学舎、2010年

寺島実郎著『新・観光立国論：モノづくり国家を超えて』NHK出版、2015年

第2章

グローバル・マーケティングの発展

1 はじめに
2 発展を続けるパナソニックのグローバル・マーケティング
3 グローバル・マーケティングの発展段階
4 グローバル・マーケティングの発展を支える組織
5 おわりに

❖ 第1部　進むグローバル化

1　はじめに

　レッドブルのドリンクにiTunesの音楽配信サービス、P&Gの紙オムツにダノンのヨーグルト。日本にあって私たちは、海外の企業の製品やサービスを日常的に使用している。逆に、日本企業の製品やサービスも、世界中の消費者へ届けられるようになっている。

　国内外で、企業のマーケティングのグローバル化が進行している。しかし、今は巨大企業となっている企業であっても、多くの場合、いきなり最初から世界中でマーケティング活動を展開していたわけではない。

　では、グローバル企業は、どのようにその発展のプロセスを歩むのだろうか。本章では、グローバル企業が取り組むマーケティング活動の典型的な発展プロセス、ならびにその展開を支える組織構造についての検討を行う。

2　発展を続けるパナソニックのグローバル・マーケティング

❖ 輸出からはじまった海外展開

　パナソニック株式会社は、1918年に松下幸之助氏によって創設された。このときの社名は、「松下電気器具製作所」であり、その後1935年に「松下電器産業」、2008年に「パナソニック」へと社名変更が行われる。以下では、この3社は統一化して「パナソニック」と記す。

　パナソニックは、第2次世界大戦の以前から、輸出というかたちで海外進出を行っていた。同社は「自ら作って自ら輸出する」という松下氏の考えにもとづいて社内に貿易部を設立し、商社を通じてではなく、自社による輸出を行っていた。この貿易部は、1935年に松下電器貿易として独立し、以降同社を通じた輸出が行われた。

　第2次世界大戦後のパナソニックの輸出は、1960年頃から本格化していく。同社は1957年にはアメリカ松下電器、1962年にはハンブルク松下、1968年には

第2章　グローバル・マーケティングの発展

【写真2-1　パナソニックの本社】

（写真提供：パナソニック株式会社）

フランス松下電器を設立し、北米とヨーロッパの販売拠点を確立していった。

　アメリカ合衆国への輸出では、いかに流通網を構築し、ブランドの認知度を高めるかが課題となった。パナソニックは、「レップ（Sales Representatives）」と呼ばれる卸売の代理となる商社を介して小売業へ商品を流通させる方法で、大都市やその周辺地域に流通網を拡大していった。アメリカ松下電器は、対北米輸出の拠点として活動するなかで、製品開発、デザイン、ブランド、チャネル、プロモーションなど、当時のアメリカ流のマーケティングを学習していった。

　1980年代に入ると、エレクトロニクス製品の分野でのアメリカ合衆国と日本の貿易摩擦が生じる。パナソニックがアメリカ合衆国への輸出をそのまま継続することは困難となり、現地生産への転換を進めることになった。一方で、この頃には、日本からの輸出では現地のニーズの変化に応えることに限界が生じていた。このような事情もあり、パナソニックのグローバル・マーケティングに向けた歩みは新たな段階へと移っていく。

❖ 進む現地化

　1985年の為替レートの安定化に関するプラザ合意以降に生じた急激な円高は、日本企業の現地生産を加速化させていた。そのなかでパナソニックは、現地生産を

❖ 第1部　進むグローバル化

進め、現地のニーズにより適応したマーケティング活動に取り組んでいった。

　この時期のパナソニックの現地子会社の課題は、現地化を進めることでディーラーと顧客の信頼を高め、ブランドシェアを高めることだった。しかし、従前の輸出の窓口となってきた松下電器貿易には、現地のニーズを反映して現地生産を行うノウハウがなかった。この問題への対応には、パナソニック本体の事業部のサポートが必要だった。そこでパナソニックは、1988年に松下電器貿易を合併し、海外事業部門を設立した。

　また同年には、北アメリカ・テレビ事業部が新設され、北米でのテレビの開発、製造、販売の一貫体制が構築された。アメリカ松下電器では、1989年に初のアメリカ人社長が誕生し、人材面からの現地化も進んだ。このようにパナソニックは、生産と販売の両面での現地化に向かっていった。

　しかし1990年代の後半になると、エレクトロニクス製品のライフサイクルが目に見えて短縮するようになる。背景には、エレクトロニクス製品のデジタル化があった。加えてこの時期より、従前からの日米欧の企業に、韓国、台湾、中国の企業が加わった激しいグローバル競争が展開されるようになる。パナソニックにも新たなマーケティングの展開が求められるようになっていった。

❖ グローバルな同時展開へ

　2000年に社長に就任した中村邦夫氏は、パナソニックの組織の大改革を行った。中村氏は従前の事業部制を廃止し、14の事業ドメインに再編した。その上で、事業ドメインが縦、進出地域に対する地域戦略をになう地域の統括会社が横となるマトリックス組織が編成された。この再編は、グローバルな生産体制と流通体制の改革をともなうものだった。

　パナソニックは、この組織改革を踏まえて、「垂直立ち上げ」と「世界同時発売」の2つの政策を実施した。「垂直立ち上げ」とは、短期間での大きな市場占有率の獲得をねらいに、新製品の発売から時間をかけずに、迅速にフル生産へと引き上げる対応である。「世界同時発売」とは、グローバルな価格下落の前に一気に売り切るべく、この垂直立ち上げを複数の国々で同時に行う対応である。

　この成果の一端を、2005年に行われたプラズマテレビ「VIERA」の最新モデルのグローバル市場への導入に見ることができる。この新モデルをパナソニックは、まずヨーロッパで発売し、その後1ヵ月前後で北米と日本で相次いで発売した。こ

のときイギリスでは、4月の上旬からの1ヵ月で25％の市場シェアを獲得し、フィリップスやLG電子を抜いてトップ・ブランドとなった。そして、アメリカ合衆国でも発売後1ヵ月で市場シェア40％を獲得する。パナソニックがそれまでに構築してきた、調達から販売にいたる高度なサプライチェーンの力が引き出されたことによる成果だった。

3 グローバル・マーケティングの発展段階

❖ 時間とともに変化するステージ

前節で見たように、パナソニックのグローバル・マーケティングに向けた歩みは、時間の流れとともにステージを変化させていく。続いて、こうした発展の各段階において、企業がどのようなマーケティング上の課題に直面するか、そしてそこにはどのような対応方法があるかについて、「グローバル・マーケティングの発展モデル」を参照しながら、確認していくことにしよう（図表2-1）

【図表2-1　グローバル・マーケティングの発展モデル】

	国内マーケティング	輸出マーケティング	インターナショナル・マーケティング	マルチナショナル・マーケティング	グローバル・マーケティング
マーケティングの類型	国内にフォーカス	輸出国の選択／輸出のタイミングと参入国の関係	国単位でのマーケティング戦略の修正／国単位でのナショナルブランドの開発と買収／国単位での広告コスト、プロモーションコスト、流通コストの共有	地域単位でのマーケティング戦略の修正／国単位でのナショナルブランドの開発と買収／国単位での広告コスト、プロモーションコスト、流通コストの共有	国・地域を越えたマーケティング・ミックスの調整／調達・生産とマーケティングの統合／ポートフォリオ・バランスと成長を目指した資源配分
志向	自民族中心主義	自民族中心主義	多中心主義	地域中心主義	地球中心主義
製品計画	自国の顧客を対象にした製品開発	自国の顧客のニーズを優先した製品開発	各地のニーズを対象にした各地での製品開発	地域内での製品開発	各地でのバリエーションを持ったグローバル製品
マーケティング・ミックスに関する意思決定	本社	本社	各国	地域	相互協議を通じた共同意思決定

（出典：小田部正明、K.ヘルセン『国際マーケティング』碩学舎、2010年、p.24）

> Column 2−1

E-P-R-Gプロファイル

　図表2-1の「グローバル・マーケティングの発展モデル」のなかにある「志向（自民族中心主義・多中心主義・地域中心主義・地球中心主義）」は、それぞれの頭文字をとって「E-P-R-G プロファイル」と呼ばれる。これは、企業のグローバル化の程度をみるために、本社のトップマネジメントが海外子会社に対してどのような考え方をもっているかをとらえた概念である（D. A. ヒーナン、H. V. パールミュッター『グローバル組織開発』文眞堂、1990年）。

① 自民族中心主義（ethnocentric）
　本社主導により主要な意思決定が行われ、海外子会社は重要な役割が与えられない。本国のやり方、管理基準を海外にも適用し、海外子会社の主要ポストは本国から派遣された社員で占められる。

② 多中心主義（polycentric）
　現地のマネジメントは現地のスタッフに任せるという考え方。現地子会社への権限委譲は進んでおり、子会社の重要ポストには現地人も登用されるなど、独立性は高い。しかし、財務や研究開発といった重要な意思決定は本社主導で行われる。

③ 地域中心主義（regiocentric）
　グローバル単位での経営と、各国単位での経営の中間的な経営をめざす考え方。グローバルには各国単位よりも、周辺諸国を加えた地域単位でマーケティングを行うほうが効率的な場合が多い。そのため、地域本社を設置し、生産拠点や人材採用、戦略の策定を地域単位で実施する。

④ 地球中心主義（geocentric）
　各拠点は相互に依存し合い、本社と海外子会社は主従関係ではなく、協調関係にあるという考え方。全世界で同じ経営管理基準を用い、たとえば人材の登用に関しては、本国の社員を優先したりはせず、世界中から適した人材を起用する。

❖ 国内マーケティング

　「国内マーケティング」とは、企業が自国の市場に限定して、マーケティング活動を展開する段階である。これは、グローバル・マーケティングへと向かう歩みの前段階ともいえる状態である。

とはいえ、自国の市場においても、企業の競争相手となるのは、自国の企業ばかりではない。たとえば、現在の日本市場におけるユニクロの競争相手は、しまむらやワールドなどの国内企業に限定されない。国内マーケティングにおいても、GAPやZARA、H&Mといった海外企業の動向は無視できない。

国内マーケティングの段階では、企業は自国の状況のみを考慮した「自民族中心主義」的なマーケティング活動を行いがちになるが、海外企業との競争を踏まえれば、マーケティング担当者はグローバル市場で起きている変化や新しい競争の発生、次なる製品やサービスの開発にも、常に関心を払っておく必要がある。

❖ 輸出マーケティング

「輸出マーケティング」とは、企業が海外市場に輸出を通じて参入する段階である。輸出は、グローバル・マーケティングに向かう第一歩となることが多い。

輸出には、基本的に2つの方法がある。輸出に関連する業務を商社や輸出代行企業に委託する「間接輸出」と、さらにそれらの業務をすべて自社で行う「直接輸出」とである。

輸出を開始した段階では、多くの企業は、海外でマーケティングを展開するための情報やノウハウをもち合わせていない。そのために、輸出マーケティングの初期段階では、間接輸出が採用されることが多くなる。

直接輸出を行おうとすれば、企業は、進出先の国や地域の選択から、輸送手段や経路の選択や、さらには輸出先での販売ルートの確保を自ら行う必要がある。さらには自国ならびに進出先の国や地域の規制や、為替レートの変動などにも対処しなければならない。

輸出マーケティングの段階では、多くの企業にとって輸出先の市場は国内市場の延長線上にある。つまり多くの企業が、国外の顧客ニーズを詳細に把握し、それに応える製品を投入するというよりも、国内市場と同じか、類似した製品を投入する。

その後、海外での販売が拡大し、企業にとっての重要度が増すようになると、製品やプロモーションなどを海外市場に適応させる必要が高まる。こうして輸出マーケティングは、インターナショナル・マーケティングの段階へと移行する。

❖ 第1部　進むグローバル化

❖ インターナショナル・マーケティング

　「インターナショナル・マーケティング」とは、海外で事業を展開する企業が、進出先の国を対象に、現地のニーズに適合したマーケティング活動に取り組む段階である。

　輸出が拡大し、進出国の数が増えてくると、企業はそれぞれの国や地域で現地の企業との競争に対応しなければならなくなっていく。現地の企業は、その国や地域の文化や産業、顧客の特性に通じている。また、現地市場での知名度も高いことが少なくない。輸出マーケティングを進めてきた企業が、このような現地企業との競争に対応していくには、各国向けに開発、生産された製品を、それぞれの市場に合ったマーケティング手法で投入する必要がある。

　パナソニックの事例でも見たように、日本の主要グローバル企業の多くは、1980年代の貿易摩擦の深刻化を受けて、生産と販売の現地化を進めた。インターナショナル・マーケティングへの移行は、政治的問題以外にも、輸送コスト、関税、各種の規制、現地での人材の確保などの諸要因を考慮して決定される。

　さらにインターナショナル・マーケティングが進展すると、企業は国や地域ごとに独立性の高い組織を設立することがある。このインターナショナル・マーケティングが高度化した段階を「マルチドメスティック・マーケティング」という。マルチドメスティック・マーケティングでは、国や地域ごとの拠点への権限委譲を進める必要性が強調される。

❖ マルチナショナル・マーケティング

　「マルチナショナル・マーケティング」とは、海外で事業を展開する企業が、それまでに進出国別に行われてきたマーケティング活動を、北米、南米、西ヨーロッパ、東アジアというように、地域ごとに統合化する段階である。そこでは、特定の国や都市などを拠点に、それまでよりも広い範囲を統合対象とすることで、マーケティング活動の効率化がめざされる。先のマルチドメスティック・マーケティングとは真逆の方向をめざす動きである。

　とはいえ、この段階でのマーケティング活動は、あくまでも地域の枠のもとで行われる。地域を横断したグローバルな製品やサービスの統一、そしてプロモーショ

ン、流通チャネルの統一などをめざす企業は、さらにグローバル・マーケティングの段階へと進むことになる。

❖ グローバル・マーケティング

「グローバル・マーケティング」とは、国や地域によって異なるニーズを踏まえつつ、企業が、国境を越えて統合化された価格政策、流通チャネル政策、そしてプロモーション政策のもとで、世界の最適地点で開発・生産された製品やサービスをグローバルに投入していく段階である。グローバル・マーケティングの段階で企業にとって重要な変化は以下の3点である。

第1は、マーケティング活動のアウトプットの標準化である。グローバル・マーケティングの段階に進んだ企業は、それまでに国や地域ごとに異なっていた製品やサービス、価格、流通チャネル、プロモーションの共通化に一段と踏み込む。この標準化を通じて、それまで国や地域の拠点が管理していた製品やブランドやアイデアなどの移転が進む。

第2は、市場間でのマーケティング活動の調整の徹底である。グローバル・マーケティングの段階では、それまでに国や地域ごとに行われてきたマーケティング活動のプロセスに重複がある場合、相互の調整を進めることでより効率的なマーケティング活動を実現することになる。

第3は、マーケティング資産のグローバルな活用の拡大である。ブランドや人材といった、企業のマーケティング活動を通じて獲得してきた資産や能力のグローバルな活用によって、国や地域での競争に対応することが重要となっていく。

4 グローバル・マーケティングの発展を支える組織

❖ 国際事業部の設置

企業がグローバル・マーケティングへと事業を発展させていくには、組織による下支えが不可欠である。経営のグローバル化に伴う組織構造の変化については、次の図表2-2のような経路が示されている。

❖ 第1部　進むグローバル化

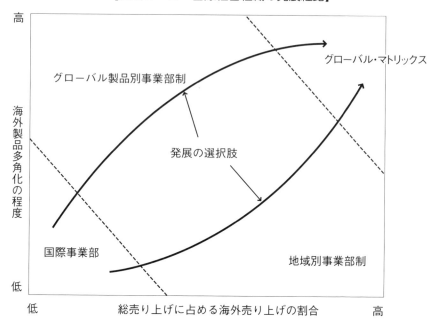

【図表2-2　国際経営組織の発展経路】

（出典：J.M.ストップフォード・L.T.ウェルズ『多国籍企業の組織と所有政策』ダイヤモンド社、1976年、p.98を加筆修正）

　企業の海外での事業展開が進み、海外の拠点や子会社、そして進出先の国や地域の数が増加するにつれて、「国際事業部」の設置に向けた動きが現れる。国際事業部とは、海外の拠点や子会社を一元的に管理する部門である。国際事業部は、海外の拠点や子会社の間での製品価格の調整や、輸出向け製品の生産調整、海外の拠点や子会社間の販売領域の調整、資金調達の調整など、海外での事業活動の管理を行う。

　とはいえ、国際事業部は、企業のグローバル化の程度が比較的小さな段階に採用されることが多い組織構造である。さらに海外事業の割合が大きくなると、国内外の自社の活動をさらに高度に統合するための組織が必要になる。そこには、「グローバル製品別事業部制」と「地域別事業部制」の2つの代表的な組織のタイプがある。

❖ グローバル製品別事業部制

　企業が国内外で行う活動を支える部署や拠点を、製品やサービスの分野ごとに統合する組織が、「グローバル製品別事業部制」である。製品別事業部とは、生産、販売、研究開発といった、事業の基本的な職能を統括する自律的組織単位であり、製品やサービスの分野ごとに国内外で展開されている事業活動の責任をになう。

　この組織構造の利点は、製品やサービスの分野ごとに、世界規模での効率性や専門性を追求できる点にある。製品別事業部では、生産拠点設置の決定や、為替相場の変動に対応した進出国間や地域間での生産調整、さらに技術や人材などの移転を通じたグローバルな拠点や子会社の連携など、国や地域を越えたマネジメントを行いやすい。製品やサービスの分野ごとに直面している競争に対応するために、世界規模で効率的な事業運営を行っていくことができる。

❖ 地域別事業部制

　企業が国内外で行う活動を支える部署や拠点を、地域ごと統合する組織が、「地域別事業部制」である。地域別事業部制では、地理的な近接性以外にも、経済発展の程度や社会体制、文化といった、非地理的要因の類似性なども考慮して、複数の国での事業を１つの組織単位にまとめる。この組織構造は、海外の市場のニーズや商慣行、そして政府の政策や法規制の違いなどへの適応を企業が重視する場合に採用されることが多い。

　地域別事業部制における各事業部も基本的な職能を備えた自律的な単位であるが、各事業部の主要な責任は、担当となっている地域のニーズと競争への対応である。現地市場への徹底した適応が求められる際に、地域別事業部制は適している。

❖ グローバル・マトリックス組織

　以上で見てきたグローバル製品別事業部制、地域別事業部制には、それぞれ裏表の関係にある長所と短所がある。つまり、グローバル製品別事業制は、製品やサービスの分野ごとの活動を国や地域の間で調整し、世界規模で効果・効率的な事業運営を行うことができるが、進出国や進出地域のローカルなニーズに特化した対応は

Column 2-2

ボーングローバル企業

　ボーングローバル企業とは、創業と同時もしくは創業後2〜3年という極めて早い時期から国外に進出し、国外での売上げ比率を大きく高めていく企業である。ボーングローバル企業の特徴は、高い海外志向である。このタイプの企業は、設立当初よりグローバル市場をめざしており、本章で検討した「グローバル・マーケティングの発展モデル」が示すような漸進的なグローバル化のプロセスはとらない。

　ボーングローバル企業には、たとえば北欧（デンマーク、フィンランド、ノルウェー、スウェーデン）のように、自国の市場規模が小さく、自国内のみの事業展開では十分に成長することができない国や地域を出自とする企業が多い。

　しかし、日本においても、数は少ないながらもボーングローバル企業は存在する。たとえば、テラモーターズ株式会社は、電動バイクを製造販売するボーングローバル企業である。

　電動バイクの構成部品はガソリンバイクに比べて約1/4と非常にシンプルな構造をもっている。そのなかでテラモーターズは、電動バイク製造にかかわる独自の高い技術力を確立するとともに、2010年の創業後すぐに中国で委託生産を開始し、2011年にはベトナムでの工場建設に着手、2012年にはフィリピンに支社を開設した。このようにテラモーターズは、アジア諸国に設立後すぐに進出をはたし、そして販売を開始した。

　排ガスによる大気汚染の問題を抱えているアジア諸国において、同社の電動バイクは好意的に受け入れられた。フィリピンでは、三輪タクシーの電動バイク・プロジェクトの入札に参加するなど、同社は積極的に事業展開を進めている。

難しくなる。他方で地域別事業部制は、ローカルなニーズに特化した対応ができるが、地域事業部ごとに活動の重複が起こりやすく、事業運営の効率性は犠牲となる。

　そこで、グローバル製品別事業部制と地域別事業部制の2つの長所を取り入れようとして、「グローバル・マトリックス組織」が採用されることがある。グローバル・マトリックス組織においては、海外の拠点や子会社は、各製品別事業部門のトップと、各地域別事業部門のトップの2方向から統括される。製品別事業部門のトップは、担当する製品やサービスの世界規模での効果・効率追求の点から管理を行い、また、地域別事業部門のトップは、担当する地域に固有のニーズと競争に適

応するよう管理を行う。このようにグローバル・マトリックス組織では、世界中のすべての拠点や子会社を２つの方向から管理することで、相反する課題の達成がめざされる。

しかし、グローバル・マトリックス組織では、海外の拠点や子会社は２方向からの指示を受ける。これらの指示が異なっていた場合には、拠点や子会社の混乱は避けがたい。製品別事業部門のトップと地域別事業部門のトップのあいだでのそれぞれの指示をめぐっての再調整が必要になる。このようにグローバル・マトリックス組織は、現場でのコンフリクトが生じやすい組織構造であるため、コンフリクトが発生した際の対処方法を設計しておかなければ、うまく機能しない可能性がある。

5 おわりに

本章では、国内外に広がる企業のマーケティングの拡大のプロセスを、「グローバル・マーケティングの発展モデル」に沿って確認した。あわせて、本章の後半では、このグローバル・マーケティングへの発展を支える組織構造について検討した。

本章で検討してきた、グローバル・マーケティングへ向けた発展段階や組織構造は、理念型である。現実に企業が進めるマーケティングのグローバル化は、常にこのように単線的に発展していくわけでもなく、試行錯誤のなかで複合的な動きが生じることも少なくない（Column 2-2）。しかし、本章で検討してきた理念型は、マーケティングのグローバル化を進めるなかで、多くの企業が直面することになる課題と対応方法の変化をモデル化したものである。このことを踏まえて活用すれば、現実の企業活動に対して有益な示唆を引き出すことができるはずである。

❓ 考えてみよう

1. あなたが関心のある多国籍企業を１社選び、その企業はどのような企業と競争しているか調べてみよう。
2. １で選んだ企業について、その企業がどのようなタイプの国際マーケティングを行っているのか調べてみよう。
3. １で選んだ企業の組織構造を調べて、その企業の国際マーケティングのタイプに合至しているか考えてみよう。

❖ 第1部　進むグローバル化

次に読んで欲しい本

浅川和宏著『グローバル経営入門』日本経済新聞社、2003年

大石芳裕編、グローバル・マーケティング研究会『日本企業のグローバル・マーケティング』白桃書房、2009年

第2部

グローバル市場の把握

第3章

グローバルな文化環境

1 はじめに
2 インドネシアでのグリコのポッキー
3 異なる文化のもとでの消費
4 まとめ

❖ 第2部　グローバル市場の把握

1 はじめに

　グローバル化は、一面では世界の消費の均質化を促進する。

　皆さんも経験があるだろう。海外を旅行すると、北米だけではなく、アジアでもヨーロッパでも、主要都市には必ずといってよいほど、スターバックスの店舗がある。あるいは、どこに行っても、マクドナルドのハンバーガーやコカ・コーラを口にすることができる。iPhoneを使う人の姿も、世界の各地で目にする。

　だが、これがグローバル化する世界の現実のすべてだというわけではない。マクドナルドは、世界の各国の文化の違いを踏まえて、テリヤキバーガー（日本）やチキンマハラジャマック（インド）など、さまざまな素材や味付けによるサンドイッチ類を投入している。背景には、嗜好の違い、宗教の違い、法律の違いなど、グローバルな文化環境の多様性がある。この、もうひとつの現実も踏まえなければ、グローバル・マーケティングははじまらない。

2 インドネシアでのグリコのポッキー

❖ グリコ・インドネシアの設立

　大阪に本社がある江崎グリコ株式会社は、2014年にグリコ・インドネシアを設立した。それまでの江崎グリコは、インドネシアに対しては、タイの子会社から細々と輸出を行っていた。しかし東南アジア諸国の経済成長に合わせて、2億5,000万人の人口をかかえるインドネシアにおいても、本格的な事業を開始するべく、タイに続く東南アジアで2番目の子会社を設立したのである。

　江崎グリコは、東南アジアにおいては、すでに1971年にタイに子会社を設立していた。現在ではタイの首都バンコクにおいて、同社の主力商品であるポッキーは、もっとも人気のある菓子ブランドのひとつとなっている。

　しかし、同じ東南アジア諸国であるとはいえ、インドネシアでも、タイと同じマーケティングのやり方が通じるとはかぎらなかった。

第3章　グローバルな文化環境

タイとインドネシアの文化や価値観は異なる。タイは仏教国である。一方、インドネシアは、人口の4分の3の約1億8,000万人がイスラム教徒という国である。なお、インドネシアは信教の自由を保障しており、イスラム教を国教としているわけではない。

❖ ハラル認証

　イスラム教徒に向けて食品を販売する場合には、ハラル（Halal）認証を受けていることが、事実上必要となる。イスラム教では、禁じられていることをハラムといい、ハラムでないものがハラルとなる。ビジネス上は、特に食品と化粧品の分野において、ハラルへの注意が必要となる。
　食品に関しては、一般には豚を食することがハラム（許されないこと）であるが、単にこの食材は食べていい、悪いということではなく、食べてよい食材であっても、その屠殺方法や、加工過程での処理方法にも細かな決まりがある。
　ハラルだと認められた商品は、ハラル認証を与えられ、認証の表示を行うことになる。ハラルか否かの判断は、原則的に国ごとになされる。ハラル認証がなければ、販売が禁止されるわけではないが、イスラム教徒に向けた食品の販売では、不可欠のステップである。
　江崎グリコもハラル認証を取得することから、本格的なインドネシアでのポッキーのマーケティングを開始した。認証にあたっては、単に製品に豚由来の成分が含まれていなければよいわけではなく、その製造過程にも厳格な規定があり、コスト的に負担を強いるものだった。だが、この対応はイスラム圏での販売においては不可避的といえる。江崎グリコは、このように受け止め、ハラル認証の取得に向けた取り組みを進めた。

❖ インドネシアの文化を踏まえたアプローチ

　しかしながらハラル認証は、イスラム圏においてビジネスを行うための入場チケットのようなものにすぎない。当然それだけでは、インドネシア市場の攻略はできない。
　そこで江崎グリコは、インドネシアの人々の価値観、生活、そこから生じる消費者行動についての調査を進めた。調査から見えてきたのは、インドネシアには、イ

【図表3-1　世界における食文化の違い】

グローバル化が進む世界においても、まだまだ文化、宗教の違いによる食習慣の大きな違いが存在している。

処理に関する制約
- イスラム教にはハラル規定があり、その規定により処理されたものでないと食べてはいけない。
- ユダヤ教にはカシュルートという適正食品の規定があり、この規定に基づいて適正（コシャー）と認められたものでないと食せない。食べてもよい肉であってもシェヒーターといわれる屠殺方法がされている必要がある。

時期に関する制約
- イスラム教徒はラマダンの約1月間、日が昇っている間は断食をしなくてはならない。
- ロシア正教会は復活祭の前の48日間、動物の肉、牛乳、卵、魚の食を禁止する。

食材に関する制約
- イスラム教は豚は不浄。　アルコールも禁止
- ヒンドゥー教では牛は神聖。肉食自体を禁止する宗派もある（ベジタリアン）。
- モルモン教ではカフェインが含まれるお茶やコーヒーは禁忌とする。
- ユダヤ教ではコシャーという戒律により、豚、貝類、エビの食が禁止され、また、牛肉と乳製品を同時に食べてはいけない。

その他の文化による違い、制約
- 魚を食べないモンゴル人
- 犬を食べる中国人、韓国人

（筆者作成）

スラム教の影響のなかで、家族、親しい友人たちとの時間、場所の共有、そしてそこから生み出される「絆」を求める文化が色濃く存在していることだった。もちろん、この絆を求める心理は、インドネシアだけのものではないだろう。しかし、日本などと比べると、核家族化が進んでいないこともあり、インドネシアでは、この傾向が顕著だった。

　江崎グリコは、インドネシアへの本格参入にあたって、2つのポッキーのパッケージングを採用することにした。第1は、家庭での消費を想定した「内食」用のホームパックである。その売り場の中心はスーパーとなる。第2は、女子高生を中心をとした層に向けた、日本でもよく見かけるサイズと同程度の箱入りである。こちらの売り場の中心は、日本におけるコンビニに近い、彼女たちが立ち寄る小さな小売店となる。

　江崎グリコは、インドネシアへの本格参入当初は、感性豊かで、トレンドセッターの中核でもある後者の女子高生を中心にマーケティングを行うことにした。つまりポッキーを、ハイティーンの女性に向けて、家族、友人との絆をつくるツールとしての菓子として提供することにしたのである。

【写真3-1　インドネシアでのポッキーの販売イベント】

（写真提供：江崎グリコ株式会社）

❖「日本」ブランドの訴求

　インドネシアをはじめとする東南アジアの国々は、日本とは伝統的な文化や宗教を異にする。しかし、サブカルチャーということでは、東南アジアの国々は、欧米やインドのような地域とは違って、日本の影響を強く受けている。2011年にはAKB48の姉妹グループとして、インドネシアの首都ジャカルタでJKT48がデビューし、全国で人気が出ていた。

　江崎グリコは、インドネシアにポッキーを本格参入させるにあたって、現地のアイドルグループJKT48を起用したテレビCMを放映した。このCMには、ポッキーの認知を広げるだけでなく、ポッキーが女の子たちのコミュニケーションツールであることや、日本の菓子であることを伝える効果があった。JKT48は、インドネシアではホンダ、大塚製薬、花王、ヤマハモーター、ローソン、シャープなどのCMにも出演しており、日本企業とのかかわりが深い。

　なお、現在では、グリコ・インドネシアは、日系の食品はハラルにあまり厳しくないという多少ネガティブな印象がインドネシアの人たちのあいだにあることに気づき、ことさらに日系を強調するプロモーションは控えているという。

❖ ラマダン前後の販促活動

　キリスト教に由来するクリスマス商戦は、欧米や日本の菓子業界や玩具業界の販

❖ 第2部　グローバル市場の把握

売では、主戦場ともいえる重要期間となる。同様に、イスラム教徒の生活習慣において、マーケティング上無視できないのが、ラマダンである。

　イスラム教徒は毎年、1ヶ月間に渡り、日の出から日没まで断食をするラマダンの期間をもつ。具体的な期間は、イスラム暦にもとづき、毎年11日ほど早まっていくが、このラマダンの期間がはじまる前に、多くの家庭が日没後に家族で食べる食品を大量に買い込む。多くの食品企業や小売店にとっては、年間で最大の販売機会となる。

　ラマダン商戦で店頭にポッキーが並べば、売上げだけでなく認知度、注目度も一気に上がる。このように読んだ江崎グリコは、首都ジャカルタを中心に確実に店頭にポッキーが並ぶように営業に力を入れた。加えてこの取り組みを一過性の効果に終わらせず、インドネシアへの本格参入を軌道に乗せるべく、ラマダンが終わると、若年層をターゲットに「ラマダン明けに、ポッキー!」というプロモーションを試み、引き続き店頭にポッキーが並ぶようにした。

　このような活動が功を奏し、ポッキーは、伝統的な零細小売商店以外の業態、すなわちインドネシアでは「モダントレード」と呼ばれる、いわゆるスーパーやコンビニなどの菓子部門のブランド別売上げで一気にトップ10に入り込んだ。それまでもタイのグリコから輸出していたが、そのときは300位以内にも入っていなかったことを考えると大躍進である。

3　異なる文化のもとでの消費

❖ ゲマワットのCAGEの枠組み

　P. ゲマワット氏は、世界の国々の市場はボーダーレス化していく傾向にあるとはいえ、現時点でグローバルに均一の市場が出現しているわけでないという。その理由としてゲマワット氏があげるのは、次の4点である（P. ゲマワット『コークの味は国ごとに違うべきか』文藝春秋、2009年）。

　1）文化の違い（Cultural difference）、2）制度の違い（Administrative difference）、3）地理的な違い（Geographical difference）、4）経済の違い（Economical difference）。

第3章 グローバルな文化環境

> **Column 3 − 1**
>
> ## 低コンテクストの文化と高コンテクストの文化
>
> 文化人類学者のE. ホール氏は、世界の文化を、低コンテクストの文化と高コンテクストの文化に分けた。ここでいうコンテクストとは、共有された時間、体験、文化、価値観、あるいは嗜好性などについての共通認識を意味し、社会でのコミュニケーションが、言葉よりも、これらの共通認識をもとに行われることを示す（E. ホール『文化を超えて』阪急コミュニケーションズ、1993年）。
>
> 低コンテクスト文化のもとでは、共有された認識よりも、言葉の内容そのものがコミュニケーションの中核を占める。アメリカ合衆国は、典型的な低コンテクストの文化の国である。このような国では、書かれてあるとおり、あるいは話されたとおりに理解すればよく、その意味では、他国から来た者は、相手が話す言葉さえ理解できれば、特段の深読みはせず、話された内容をそのまま受け取ればばよい。
>
> これに対して、高コンテクストの文化の国でのコミュニケーションは複雑であり、話し方や表情から相手の本意を感じ取ったり、置かれたコンテクストを踏まえたりしないと、なかなか本当のところはわからない。話し方や書き方についても、高コンテクストの文化の国の人々は、共通の文化を前提とした曖昧な表現で、論理的な飛躍のある説明を行うことが多く、単にその国の言語を習得するだけでは、その真意を理解できないということが起こる。
>
> かつての日本企業は、アメリカ合衆国の市場開拓に力を入れ、アメリカのマーケティングの教科書を学び、そして英語を勉強した。今はその関心がアジアにシフトしてきている。たしかにアジアでも、ビジネスは英語で行うことが多い。しかし注意が必要なのは、多くのアジアの国や地域は、それぞれに固有の高コンテクストの文化をもっていることである。

この4つの違いの総称が、CAGEである。CAGEの存在を考えれば、かつてT.レビット氏が、"The Globalization of Markets"（*Harvard Business Review*, May-June 1983）で述べたような、世界の市場はひとつに収斂していくという見通しは、時期尚早だということになる。特に文化の違いは、社会的なものでありながら、同時に個人の嗜好や価値観に根ざしており、科学技術や経済が発展したところで簡単には変わることはない。

文化の違いには、言語、宗教、価値観、規範などの複数の側面がある。これに関

❖ 第2部　グローバル市場の把握

連してゲマワット氏が述べているのは、グローバル企業のコカ・コーラは、実は世界でコカ・コーラばかりを販売しているのではないということである。その顕著な例として、ゲマワット氏は、日本のコカ・コーラを挙げている。

　日本では「コカ・コーラ」は、同社のトップ・ブランドではなく、コーヒーの「ジョージア」、日本茶の「綾鷹」、スポーツ飲料の「アクエリアス」のほうが、売上げは大きい。コカ・コーラの日本での成功を支えているのは、基本的に日本の消費者の嗜好に合わせて日本の市場に提供されてきた商品群である。つまり食文化の違いは厳然として存在しており、コカ・コーラはこの違いに対応することで売上げを伸ばしている（日本におけるコカ・コーラの歴史の詳細は、本書第15章参照）。

　次に、制度の違いについては、ゲマワット氏は、今も各国の政府が関税やさまざまな規則、法律を決める権限をもち、その国の制度を決めていることを指摘する。たとえば、グーグルが中国市場で直面した障壁のひとつは、中国とアメリカ合衆国の制度や政治的枠組みが違うことだった。あるいは、現在でもスペインからラテンアメリカへの投資が相対的に多いのは、かつて植民地だったこともあり、文化面だけはなく、法制度が類似しているからである。

　地理的な違いについては、ゲマワット氏は、交通や通信のインフラが発展した現在でも、地理的な隔たりがビジネスに与える影響は小さくないという。物流コストは、地理的な隔たりが大きくなれば上昇し、これがビジネスにも影響する。

　最後に、経済の違いも無視できない。世界の国や地域のあいだには、1人当たりの所得の大きな違いが存在する。2016年の1-3月期には、世界中で約3億4千万台のスマートフォンが販売された。しかし日本では一番人気であるアップルのiPhoneの販売は、この世界のスマホの販売台数でみれば、世界で5千万台を売り上げるにすぎない。スマホの最大の販売地域は中国、東南アジア、インドなのであり、これらの地域で世界全体の販売の6-7割を占めるといわれる。欧米や日本などとは異なり、これらの地域では、iPhoneの10分の1程度の価格で購入できる中国企業のスマホの市場シェアが高い。同様に、欧米や日本ではあまり見かけない韓国製の自動車を、トルコやギリシャなどでは頻繁に見かけたりする。その背景には、所得と価格の問題がある。

❖ グローバル・マーケティングにおける4P

　企業のマーケティング活動の基本的な要素（マーケティング・ミックス）は、

Column 3-2

文化的な消費者のアイデンティティの複雑さ

コラム3-1では、高コンテクストと低コンテクストの文化について述べた。相手が述べることを言葉通りに受け止めればよい、とされる低コンテクストの文化であるが、そのような国にあっても、文化的な消費者のアイデンティティは複雑なものとなる。

北欧のスウェーデンは、低コンテクストの文化の国である。かつてスウェーデンの家電メーカーであるエレクトロラックスは、コイン式洗濯機を用いたレンタル・サービスの可能性について消費者調査を行った。このサービスでは、1回の使用料は安価であり、最新の機能をもった洗濯機への交換が随時行われる。調査では、多くの主婦が、もし、そのようなサービスがあれば、好ましいことであり、積極的に利用したいと回答した。

だが、実際にサービスの供給を始めてみると、利用する主婦は、あまり多くはなかった。なぜならスウェーデンにおいては、コイン式洗濯機は低所得層が使うものであり、中間層に属すると認識している人々にとっては、このサービスの利用は、社会階層がひとつ下がるように感じられたからである。

消費者のアイデンティティは複雑であり、当人も、そのすべてに気づいていないことがある。このような状況のもとでは、たとえ低コンテクストの国であっても、企業が消費者調査の結果にストレートに反応することは、危険である。グローバル・マーケティングにあたっては、国や地域によって異なる文化環境へのていねいな対応が必要となる。

「4つのP」から成り立つ。それはProduct（製品）、Price（価格）、Place（流通）、Promotion（プロモーション）の4つの要素であり、これらの要素についての政策を、一貫性をもって市場で展開することがマーケティングでは重要となる（（石井淳蔵、嶋口充輝、栗木契、余田拓郎『ゼミナール・マーケティング入門・第2版』日本経済新聞出版社、2013年）。

グローバル・マーケティングにおいて、国や地域ごとの文化環境の違いに適応しようとすれば、CAGEを踏まえた4Pの検討が必要となる。江崎グリコのポッキーのインドネシアでのマーケティングを振り返ってみよう。

まず製品政策だが、このとき江崎グリコは、ポッキーという、棒状のビスケットにチョコレートをコーティングした菓子については、世界共通の普遍的な需要があ

るものと考えていた。すなわち、インドネシアの人たちの嗜好に合わせた変更は行わずとも、ポッキーには一定の競争力があると予想していたのである。これは、食文化の地域差を否定する発想ではないが、同時に食の嗜好には地域差ばかりでなく共通性もあるとの認識にもとづいている。ただし、インドネシアがイスラム圏の国であることを踏まえて、ハラル認証は受けている。

同時に江崎グリコは、ポッキーの4Pの他の要素については、CAGEともかかわる各種の変更や工夫を行っている。当初のプロモーション政策では、インドネシアに日本のサブカルチャーが浸透していることを踏まえた、日本の菓子であることを強調するテレビCMの投入が行われている。このCMは、これもインドネシアの文化を踏まえてのポジショニングである、「ポッキーは家族や友人との絆をつくるツールとしての菓子だ」との認識の定着をねらったものだった。

流通政策では、江崎グリコは、インドネシアの現地実情を考えながら、適切な業態として「モダントレード」と呼ばれる現地のスーパーや、コンビニ系の店舗を選択し、これらの業態を中心にした配架を進めた。イスラム圏の国であるインドネシアにおける、ラマダン商戦の重要性を踏まえた営業活動にも取り組んだ。

価格政策については、日本とほぼ同じ水準の価格設定が行われている。インドネシアの1人当たり所得は、日本より低い。そこで江崎グリコは、ポッキーを都市部の富裕層に向けて販売することにした。価格そのものは変えないものの、ターゲットやポジショニングを変更する（この対応については本書第6章参照）ことで、現地に適応しようとしたのである。

4 まとめ

本章では、グリコ・インドネシアの事例を取り上げながら、グローバル化が進む世界においても消えることのない、文化環境の多様性と、そのなかでのマーケティング活動の一端を紹介してきた。グローバルに製品やサービスを流通させようとすれば、国や地域ごとに異なる、文化、制度、地理、そして経済のあり方に向き合い、それらへの理解を深めていくことが必要となる。この文化環境の多様性を無視し、日本で売れるものは、海外でも同じように売れると考えるのは早計である。

グローバルな文化環境の複雑さは、マーケティングの障壁ともなるし、機会ともなる。グローバル・マーケティングとは、世界中で画一的な活動を展開することだ

けを意味するのではない。

　グローバル・マーケティングの可能性は二面的である。グローバルに事業を展開する企業は、一つひとつの国や地域の文化的な違いを理解して適応を進める一方で、それらの国や地域でのマーケティング活動の共通部分も理解することで、標準化の利点も享受できるようになる。グローバルな文化環境の複雑さに向き合うことから、グローバル・マーケティングははじまる。

❓ 考えてみよう

1. 社会のグローバル化が進んでもローカルな世界が残るのはどんな分野があるだろうか？身近なところから考えてみよう。
2. 日本の菓子はグローバルになれるだろうか？　なれるとすれば他国にはなく日本にしかないものを他国に提供できるからなのか？　反対に実はすでに世界共通に受け入れられているものをうまく提供できているからのなのだろうか？
3. 食文化は各地域、国に独自なものといいながら、同時に時代とともに変わっていく場合もある。私たち日本人の食文化も違う国の食文化に影響を与えられていると思われるケースを考えて、また、それはどのように影響を受けるようになったかも考えてみよう。

次に読んでほしい本

三田村蕗子著『「ポッキー」はなぜフランス人に愛されるのか？：海外で成功するローカライズ・マーケティングの秘訣』日本実業出版社、2015年

ヘールト・ホフステード、ヘルト・J・ホフステード、マイケル・ミンコフ著、岩井八郎、岩井紀子訳『多文化世界：違いを学び未来への道を探る・第3版』有斐閣、2013年

第4章

グローバル市場調査

1 はじめに
2 インドのインスタント・ヌードル市場
3 グローバル市場調査の実際
4 おわりに

❖ 第2部　グローバル市場の把握

1　はじめに

　高校時代に進学塾を選んだときでも、就活時にスーツを選んだときでもよい。とにかく「失敗したくない」という気持ちで、皆さんが真剣に何かを選ぼうとしたときのことを思い返して欲しい。インターネットで調べたり、周囲の人の話を聞いたりと、さまざまに情報収集をしたのではないだろうか。

　思い返してもらいたいのは、そのときに皆さんが探していたのは何か、ということだ。おそらく「自分が選ぶべきもの」だけではなく、そもそもどうやって選んだらよいか、条件や選択基準のような「選ぶときに考えねばならないこと」にも頭を悩ましたのではないだろうか。そしてさまざまな情報に接する中で、進学塾やリクルートスーツにとどまらず、その先にある大学進学や就職についても、自分なりの意義や視点をつくり上げていったのではないだろうか。

　市場調査も基本的には同じである。国内市場であれば、ある程度のことは想像がつくだろう。しかしグローバル市場調査となると、「市場の当事者」としての自分の経験には頼れない。そのなかで資料を集め、丹念に読み解き、対象とのコミュニケーションを重ねる。この渦中で、自分が「何を知らないか」を理解し、「何を知るべきか」を明確にしていく。ここにグローバル市場調査の醍醐味はある。

2　インドのインスタント・ヌードル市場

　皆さんには、本章の架空のケースを、主人公になったつもりで読んでもらいたい。あなたは、グローバルなインスタント・ヌードル（即席麺）市場への進出を検討している食品企業のマーケティング・スタッフである。この部署では手分けをして、成長市場の可能性を検討しはじめた。そしてあなたの担当はインド市場である。

　インドの人口は12億人と、中国に次ぐ規模である。また、中国の人口ピラミッドは「一人っ子政策」の影響で、いびつに変形していて、しかも既に高齢化を迎えている。これに対してインドの人口ピラミッドは、若年層から高齢者に至るきれいな三角形で、しかも底辺が長い。つまり若年層の規模が相対的に非常に大きい。まさにこれからの有望市場ではないか、ということでインド市場が検討候補にあがっ

たのである。
　こうしてインドのインスタント・ヌードル市場を対象にした、新たな市場調査のプロジェクトが開始した。

3 グローバル市場調査の実際

❖ 2次資料の分析

① どういう情報があるか

　さて、何からどう始めるか。まずは「どういう情報があるかに関する情報収集」が必要となる。

　海外市場の代表的なマクロデータは、各国政府が発行する統計データだ。ただし、インドなどの新興国の場合、現地のデータ収集体制が十分でない場合が多く、データの更新が遅かったり、データの信頼性が疑わしかったりすることも少なくない。

　概略をつかむのが目的であるなら、このように信頼性の低いデータを、慣れない外国語で読み解くより、たとえば日本貿易振興機構（ジェトロ）の海外ビジネス情報といった既存の手軽な情報源を参照するほうが早い。地政学的データや基本的な経済指標のほか、貿易制度や投資制度、日本との関係などについても一通りを知ることができる。そのほか独自のニュース（「通商弘報」）などもあり、インドの今を知ることもできる。

　同様のサイトについては、たとえば「インド進出支援ポータル」（株式会社チェンジ）など民間のコンサルティング会社や「NNA.ASIA」（株式会社エヌ・エヌ・エー）などの専門メディアも手掛けており、現地メディアの報道の抄訳や独自レポートも見ることができる。また、業界団体もグローバルな市場動向について調査報告を行っている場合がある。

　このように、第三者が集めて整理したり、あるいは解釈したりした資料を、「2次資料」という。他人の手による資料である以上、当然ながら、自分が知りたいと思っていることにストレートに応えてくれるとは限らない。しかし、今はまだ「インド市場とはどんな市場か」を理解する段階である。さまざまな2次資料をていねいに読みながら、未知のインド市場のラフスケッチを描くのがよい。

❖ 第2部　グローバル市場の把握

② **インドのインスタント・ヌードルの市場規模**

さて、あなたは、インドのインスタント・ヌードル市場を調べていくうちに、「世界ラーメン協会 World Instant Noodles Association（WINA）」なる団体を見つけた。ウェブサイトを見てみると「世界総需要」のページ（http://instantnoodles.org/jp/noodles/market.html）があり、図表4-1のように、インドは2015年推計で年間32.6億食（ちなみに2011年から2015年の5年間の最大値は、2014年の53.4億食）と、食数では世界第8位の市場であることがわかる。

8位というとかなりの規模のように思われる。だが、インドは人口も多い（2011年の統計で12.1億人）。総人口で割ってみると、1人当たり年間3-4食程度、ということになる。この数字を見ると、今度は「インドでは、インスタント・ヌードルは食習慣として全く定着していない」とレポーティングしたくなる。

【図表4-1　インスタント・ヌードルの国別年間総喫食数ランキング】

（2016年5月11日現在　単位：億食）

	2011	2012	2013	2014	2015
中国・香港	424.7	440.3	462.2	444	404.3
インドネシア	145.3	147.5	149	134.3	132
日本	55.1	54.1	55.2	55	55.4
ベトナム	49	50.6	52	50	48
アメリカ	42.7	43.4	43.5	42.8	42.1
韓国	35.9	35.2	36.3	35.9	36.5
フィリピン	28.4	30.2	31.5	33.2	34.8
インド	35.3	43.6	49.8	53.4	32.6

（出典：世界ラーメン協会HPをもとに筆者作成）

③ **複数の資料を照合する**

しかし、あなたは、先の「インド進出支援ポータル」のインスタント・ヌードル業界のニュースを斜め読みしているなかで、次のような記事に出くわした（http://www.india-bizportal.com/industry/foods/p21458/）。

第4章　グローバル市場調査

> **ネスレの即席麺「マギー」、インド市場のシェア下落**
> 　競合ITCの「Yippee」がシェア伸ばす　　　2016/03/23（水）10:00
> 　これまでインドでトップブランドを誇っていたネスレの即席麺「マギー」は、去年インド全国で一時的に販売禁止となった影響により、インドの即席麺市場でのシェアが大幅に減少した。
> 　ニールセンの調査結果によると、インドの即席麺市場におけるマギーの売上シェアは前年2015年1月時点の77％と比べ、2016年1月に42％まで一気に下落した。これでもまだマギーは市場トップを獲得しているが、ITCの「Sunfeast Yippee」はシェアを33％まで拡大させマギーに追い付き始めている。
> 　その他にも、日清の「Top Ramen」や「Ching's Secret」、「Wai Wai」、HULの「Knorr」等多くのブランドが市場に参入している。
> 　ネスレは去年6月にインド食品安全基準局（FSSAI）から「マギー」に過度の鉛が含まれているとして販売停止令を要請された。同年11月にFSSAIから販売再開の許可が下り、現在は各地で販売開始となっている。

　記事を読むと、どうやらインドのインスタント・ヌードル市場の売上シェアのトップはネスレ・インディアの「マギー」であり、それを地元の最大手コングロマリットであるITCの食品ブランド「サンフィースト　イッピー」が猛追しているらしい。そしてそのことが、食品業界のニュースになっているようだ。コトの詳細はともかく、常識的に考えて、年間3食程度のマイナーな市場で繰り広げられるマーケティング競争がニュースになるとは思えない。

　そこで別の資料にあたってみる。たとえば「インド食品市場調査」（http://www.shokusan-sien.jp/sys/upload/166pdf48.pdf）を見てみる。この報告書によれば、インドの消費者は1人平均「週3.1食」インスタント・ヌードルを食べているらしい（1週間当たりの摂取量インスタント・ヌードル80gを1食として換算）。週3食というのは日本国内と比べても多い印象だが、ともあれ「週〇食」という頻度であれば、「市場がある」といえそうだ。しかし年3食と週3食。これは一体どういうことなのか？

　このカラクリは、報告書冒頭の「調査概要」を見ればわかる。対象者条件が、「デリー、ムンバイ、バンガロール、チェンナイ、コルカタ在住の社会階層Dクラス以上の男女18歳～59歳」なのである（社会階層Social Economic Classとは職業と学歴を掛け合わせた84の集団をA1からE2まで8クラスに分類したものである。Dクラスというのは「高卒」「高卒ではないが熟練工」「文字は読めないが商

店主」といった人々が該当する）。こうしたクラス以上の都市在住者が「週3.1食」食べているということなのだ。

　上記5都市の統計人口の合計は約4,000万人である。仮にこの4,000万人の平均が「週3.1食」だとするなら、週1.24億食、年52週として年間64.4億食。この推計は先述のインド全体の年間喫食数を超えている。つまりは、「平均週3.1食」食べているのは、「（5大都市の合計）4,000万人」よりもさらに少ない人々なのだ。

　漠然と「12億人市場」ととらえていたインド市場が、実際にはかなり異なる市場の集積体であることが、おぼろげに見えてきた。ここから推測できるのは以下のことである。

① インドで、インスタント・ヌードルを日常的に購入している消費者は、都市部の消費者の一部かもしれない。
② インドでは、都市部と農村部の違いや、社会階層の違いによって消費市場の様相がだいぶ異なる。

④ 　2次資料から「情報を引き出す」

　インドの経済ニュースや調査レポートをさらに読み進めると、「流通業界の外資規制」が話題としてよく目につく。経済成長を期待する新聞や経済雑誌の多くは規制緩和を唱えるが、地場の流通事業者は規制緩和に反対しているらしい。

　ちなみに、インドで「地場の流通事業者」というのは、半径100m程度というきわめて小さなエリアを商圏とする零細個人商店などの伝統的流通業者が大半を占める。規制緩和推進派は、投資力ある外資のグローバル・チェーンが進出すれば、流通の近代化が進み、コールド・チェーンを含む効率的なサプライ・チェーンが形成されるだろうから、結果として食品（食材）廃棄も減り、農家はより多くの商品を卸すことができ、消費者はより合理的な価格で、よりよい品質の生鮮品を購入できるようになる、と主張している。しかし零細個人商店主の反発が強く、規制緩和が進まないようだ。その結果として現在のインドにおける近代的流通は、都市部の内資系流通チェーンが担っている、という。

　こうした記事を読むと、つい内容に気を取られてしまう。つまり「インドの流通の近代化、外資規制の緩和はどうなるのだろう」というテーマに引っ張られてしまう。しかし今進めるべきはインドのインスタント・ヌードル市場の理解である。記事が提供するすべての情報から、すこしずつ自分なりのインドの市場像を構築することが重要だ。たとえば、以下のような点は、記事の執筆者にとっては当たり前の

第4章　グローバル市場調査

ことかもしれないが、インド市場をこれから理解しようとするあなたには発見に違いない。
① インドの小売は、日本とは異なり、零細個人商店によって担われている部分が大きい。
② 推進派の主張を見るなら「コールド・チェーンを含む現代的・効率的な物流」がまだ十分に構築されていない。

⑤　見えてきたこと、問うべきこと

　インド市場の多様性とは、たとえば伝統的流通と近代的流通によるのかもしれない。特に日常的に利用されている零細個人商店では、売り場も狭いだろうから買えるものも相当限られているだろうし、コールド・チェーンが未発達ということは、生鮮品や冷凍食品などがそこにあるかも疑問だ。
　ということは、インスタント・ヌードルやその他加工食品を食べるということについて、あるいは買い物をするということについて、インドの消費者が何を考え、感じているかは、日本にいる、あなたの感覚とは全く異なる、ということだ。インスタント・ヌードル市場やインドの消費生活の具体的な情景はまだまだ見えてこない。

❖ 現地調査

①　現地調査で市場の現実をつかむ

　こうなってくると、もはや2次資料では限界がある。現地に行くほかない。あなたは、調査会社にコーディネートしてもらい、インドの零細個人商店主にインタビューし、店頭の観察を行う調査を計画する。なお、このインタビューや観察のように、第三者を介さずに自ら直接収集する情報を「1次資料」という。
　次ページの写真4-1は、インドの零細個人商店のインスタント・ヌードル・コーナーである。商品は店の一番奥のカウンター越しの棚に置かれ、平積みで、買い手からはパッケージングが見えない。消費者が購入したい商品を店員に伝え、店員が棚から商品を出す、という買い方になっているようで、いわゆる「指名買い」が中心のようだ。つまりマーケティング競争の勝負は買い手が店に来るまでに決まっていることがわかる。
　また、事前に予想していたように店内は非常に狭く、品ぞろえは限定されている。

◆ 第2部　グローバル市場の把握

【写真4-1　インドの零細個人商店（インスタント・ヌードル・コーナー）】

（写真：筆者撮影）

【写真4-2　インドの零細個人商店（キャッシャーの後ろの壁の様子）】

（写真：筆者撮影）

ブランドを選ぶ、というような買い物ではないことがわかった。他方、こうした店の近隣にも、さまざまな規模のスーパーマーケットが出店し始めている。その店頭には、カテゴリごとにゾーニングされた商品が整然と並ぶ。そこは、普段私たちがそうしているように、パッケージングを見比べ、ブランドを選ぶ買い物の場だ。つまり、インドの都市部では、伝統的な消費体験と近代的な消費体験とが並存してい

るのである。

　さて、消費者が、伝統的な商店と近代的なスーパーという異なるタイプの小売店を選べるとするなら、どう使い分けているのだろうか。それぞれの店はどういう顧客価値を提供しているのか。スーパーについては日本にもあるので予想がつくが、零細個人商店のほうは観察が必要だ。

　写真4-2は別の零細個人商店で、キャッシャーの後ろの壁の様子である。よく見ると、右下にケータリングのメニュー表がある。店主によれば、最近始めたサービスだという。実は、都市部の零細個人商店は数十メートル程度の極めて小さな商圏のなかで、単に仕入れた商品を売るだけでなく、購買代行や個別配送など、顧客

> Column 4 − 1

市場調査会社の選び方／コストの考え方

　新興国での市場調査では、日本国内以上に市場調査会社の能力や倫理観によって差が出てくる。したがって、どのような市場調査会社を選定するかは、非常に重要な問題となる。

　たとえば、会場調査（CLT）に向けて、現地の市場調査会社に対象者属性を明確に伝え、十分な準備時間をとってリクルーティングを依頼したとしよう。しかし、当日会場に集まった調査協力者の属性や数が、依頼内容とまったく異なる、ということが起こったりする。それだけならまだしも、クレームを入れても、「今からでは人を集められない」と答えるだけで全く対応もせず、実査を開始しようとする、といったことが現実にあるのだ。いうまでもなく、このようなことは、日本国内の調査会社ではありえないことだ。

　もし国内に信頼できる市場調査会社があり、海外での調査実績を充分にもっているのであれば、そこに依頼するのが得策である。もちろん、現地の市場調査会社に直接発注する場合に比べて、コストは高くなる。また、現地調査のオペレーションを日本国内で行うので、ステップも増え、時間がかかる。

　しかしそれでもなお、信頼できる国内の市場調査会社に発注するメリットは大きい。すでに指摘したように、現地の市場調査会社の能力には大きな差がある。海外での調査事業に本腰を入れて取り組んでいる市場調査会社であれば、海外ネットワークを活用するなどして、独自に現地の市場調査会社をスクリーニングしており、調査の品質のみならず、得意・不得意やクセなどもチェック済み、という場合が少なくない。

ニーズに細かく対応していたのである。

　先に２次資料を読み解くなかで、インドの経済ニュースでは外資規制が話題になっており、その背景には「グローバルな流通チェーン VS 零細個人商店」という構図がある、と指摘した。こうした構図を表面的に受けとめると、零細個人商店は、中長期的には市場の近代化によって駆逐される保守的・伝統的な事業者との印象を受けるが、そうした理解にとどまっていると、地域住民の生活にしたたかに喰い込んでいる、写真のような商店の姿は想像できない。

　仮に外資規制が緩和され、流通近代化が一挙に進むとしても、こうした商店はその潮流のなかに新たな事業機会を見いだし、たとえばインド式のコンビニエンス・ストアの担い手になるかもしれない。このように現地の情報に直接触れることで、２次資料だけでは獲得できなかった仮説や論点をもつことができるようになる。

②　翻訳という問題

　さて、アンケート調査にせよインタビュー調査にせよ、現地調査を実り多いものにするためには、「翻訳」が欠かせない。そこには、「言語の翻訳」と「文化の翻訳」の２つの問題がある。

　まずは言葉の翻訳である。インドには公用語の英語以外に20以上のローカル言語がある。当然、日本語からは直接翻訳できない場合が多い。そこで、日本語で作成した質問文を一度英語に翻訳してから現地語に翻訳する。正しく翻訳されているかのチェックは、現地語に翻訳された質問文を、別の翻訳者に英訳させ、その英文をチェックする。こうした二重の翻訳をしなくてはならないため、質問文は可能なかぎり簡潔明瞭かつ具体的にしなければならない。そのためには、問題意識や仮説を十分明確にしておく必要がある。

　次に、文化の翻訳である。グローバル市場調査において、「翻訳」が単なる言葉の問題にとどまることはまずない。その典型は宗教や生活習慣の理解である。よく知られている例をあげれば、ヒンドゥー教徒は牛肉を食べず、ユダヤ教徒やイスラム教徒は豚肉を食べない。

　質問票の設計の際には、こうした異なる文化的事情を十分に考慮しなければ、調査そのものが意味をなさなくなることもあり得る。グローバル市場調査の経験が豊富な市場調査会社であれば、留学経験などがあり、日本と現地の両方の事情に精通したスタッフがいて、調査主体であるこちら側の意図を十分に理解した上で文化的背景を踏まえた助言をしてくれる。

第4章　グローバル市場調査

> ## Column 4 – 2
>
> ### 現地調査の代替手段
>
> 　現地に行くことのないグローバル市場調査はありえない。理想をいえば、早い段階で複数回は現地に行きたいところである。しかし、予算やスケジュールの都合で、現地に行くタイミングや頻度は、どうしても制約されてしまう。
> 　そうした場合の代替手段は2つある。第1は、在外日本人ネットワークを活用した調査である。よくある方法は、現地の日本人協力者に依頼し、条件に合った現地の人たちを調査協力者としてスノーボール・サンプリング式にリクルートしてもらい、インタビューや写真調査を行い、レポーティングしてもらうというものである。特に画像情報は、情報のコーディングが難しいという面はあるものの、撮影者の意図や視野を超えた情報を含む。調査主体が現地に行けないなかで、市場の理解や論点の発見といった、探索型の調査を進めるのに適した情報の形式といえる。
> 　第2は、在日外国人を調査協力者とした国内調査である。あくまでも日本に暮らす外国人であり、たとえば「デリーに暮らす大学生」といった特定のターゲットの意識の把握には至らない限界があるが、予備的な発見の機会としては有用である。製品やサービスに対する評価について、現地を母国とする人たちとディスカッションするだけでも発見は多いだろう。

③　「消費者も知らない消費」の可能性

　マーケティング・リサーチにあたっては、アンケート調査やインタビュー調査から得られる消費者の回答を、さまざまな可能性を考えながら、ていねいに解釈する必要がある。消費者が回答しているのは、消費者の「思い込み」であることも少なくないからだ。

　グローバル市場調査では、「現地の消費は、今後どのように変化していくのか」といった未来を予測する見通しについては、現地の調査協力者から有益な回答を引き出せると期待しないほうがよい。なぜなら、調査協力者はほとんどの場合、現地の市場の「現在」しか知らないからだ。

　ひるがえって考えてみると、日本の消費者も、「無糖茶飲料」が市場に出回り始めた1980年代当時、「買う飲料」といえば甘みのある炭酸飲料などであり、水やお茶などは「タダで飲める飲料」と思い込んでいた。しかしそれから20年たった

2000年代には、コンビニエンス・ストアの飲料の棚の大きな部分をこうした無糖茶飲料が占めることになっていたのである。

では現地調査において、いったい誰が市場の未来の有益な情報を与えてくれるのだろうか。この局面で通訳は有益な情報提供者になりうる。現地調査では、移動中や待機時間あるいは昼食といった空き時間に通訳と何気ない雑談をすることになる。たいていの場合、会話のきっかけは現地の調査協力者のコメントである。

実績のあるプロの通訳であれば、インドのほかに、日本などの外国で暮らした経験をもっていることが少なくない。複数の市場を経験することで、たとえば日本にあってインドにないもの、インドにあって日本にないものを熟知している。プロの通訳が、単なる言葉の置き換えとしての翻訳ではなく、相手が理解できるように情報を編集した翻訳ができるのは、「今は自国にないもの」に対する感度が高いからである。

雑談のなかで、こうした「今はないもの」に対する感度をもった通訳が、調査協力者の消費経験を客観的に解説してくれる。もちろんそこにもさまざまなバイアスが潜んでいるわけだが、少なくとも「市場がどう変わり得るのか」の潜在的な可能性を考える有益なきっかけは得られる。

現地調査は、2次資料では得られない答えを見いだすための調査であるとともに、こうした新たな可能性を発見するための調査でもあるのだ。

4 おわりに

人類学者のように聞き、探偵のように推理し、探検家のように地図を描く。これが、グローバルなマーケティング・リサーチのあり方である。

グローバル・マーケティング・リサーチにあたって強く意識するべきは、「自分は『何を知らないか』を知らない」ということである。したがって、人類学者が未知のコミュニティを調査するときのように、できるかぎり自分の先入観を捨て、受け取った情報を丹念に読むことが重要になる。

そして、そのためには、一つひとつの情報を、常に複数の他の情報と照合しながら解釈することが欠かせない。あたかも顔の見えない犯人の人物像を、さまざまな遺留品を照らし合わせながら明らかにしていく、推理小説の主人公のような姿勢である。

グローバルなマーケティング・リサーチでは、こうした検討を通じて、対象市場についての論点や、注目すべき文脈などが明らかになっていく。それはあたかも、全貌を知らない未踏の地を探索して地図を描こうとする、冒険家のような作業となる。

❓ 考えてみよう

1. 留学生など身近にいる外国人に「自分の国で売っていたらいいなと思う、日本の製品・サービスは何か？　そう思う理由（どこが気に入っているか）」を聞こう。
2. 次に1．で挙げられた製品・サービスがその国で売られるとしたら、具体的にどのようなビジネスになるのか、以下の点についてディスカッションしてみよう。ディスカッションを通じて、相手（外国人）が頭の中で思い描いている「映像」を、できるかぎり細かなところまで再現してみよう。
    - (ア) ユーザ像（性・年代・居住地、所得水準／社会階層、その他特性）
    - (イ) 利用シーン
    - (ウ) 販売ルート／チャネル
    - (エ) 価格
3. 最後に、1．で挙げられた製品・サービスにとって、相手（外国人）の母国市場が本当に有望かどうかを判断するために「どういう情報が必要か」、また「それはどういう手法で得られそうか」を考えてみよう。

次に読んで欲しい本

恩藏直人、冨田健司編著『1からのマーケティング分析』碩学舎、2011年

リサーチ・ナレッジ研究会著『課題解決！マーケティング・リサーチ入門』ダイヤモンド社、2013年

第5章

グローバルな市場規模推定

1 はじめに
2 ピジョンの中国市場への進出
3 市場規模推定の3つの方法
4 おわりに

❖ 第2部　グローバル市場の把握

1　はじめに

　マーケティングのグローバル化は、多くの場合、輸出からはじまる。そしてその先のグローバル・マーケティングの発展段階において、企業が現地でのマーケティング活動を本格的に展開していこうとするときに必要となるのが、現地において、どれくらいの規模の市場の獲得を期待できるかの推定である。

　こうした場面で市場規模の推定が重要となるのは、この売上げの見込みが、企業が参入先の国に投じるマーケティング費用の妥当性を判断する重要な前提となるからだ。大きな売上げの見込みの立たない国や地域において、大規模な費用を投じたプロモーションや販売網構築を進めるわけにはいかない。

　あるいは、企業にとっての新たな参入候補となる国や地域が、複数存在することもある。そのなかで、まずどの国や地域に参入するかを検討する際にも、市場規模の推定が重要となる。

2　ピジョンの中国市場への進出

❖ 日本の哺乳器のトップ企業

　今日の中国の乳幼児向け製品（育児用品）の消費金額は、アメリカ合衆国に次ぐ世界第2位の規模である。そのなかで、ピジョンの哺乳器が人気を集めている。

　ピジョン株式会社は、日本初のキャップ式広口哺乳器を開発した仲田祐一氏によって、1957年に神奈川県茅ヶ崎市で設立された。現在ではピジョンは、哺乳びんだけではなく、育児用品全般を取り扱う総合メーカーへと発展を遂げている。

　日本の哺乳器市場では約8割のシェアを有するピジョンの強みは、言葉を発することのできない赤ちゃんのニーズをくみ取る研究開発力にある。そもそもの会社設立のきっかけとなったキャップ式広口哺乳器は、母親のおっぱいに限りなく近い哺乳器づくりを追求した創業者の熱い想いから生み出された。今日では、約100名の研究員をかかえる茨城県の研究開発拠点で、モニター登録をしている約200名

の赤ちゃんのデータを分析することで、母乳での育児や、赤ちゃんの哺乳運動などの研究を進め、商品開発や品質管理に活用している。

　とはいえ日本では、出生数の減少が続く。ピジョンは2000年代から、成長市場を求めて海外事業を拡大してきた。現在のピジョンの海外での売上げは496億1,500万円で、総売上高の53.8％を占める（2016年1月時点）。このうち282億9,100万円は、香港を含む中国市場からの売上げだ。中国市場は、ピジョンにとっての最大の海外市場である。

❖ 中国市場への進出

　1996年に中国への輸出販売を開始したピジョンは、2002年に現地子会社のPIGEON（SHANGHAI）CO., LTDを設立し、本格進出を果たした。上海や北京などの沿海部から販売網の構築をはじめ、現在では内陸部も含む中国全土の小売店1万1,000店ほどが、同社の製品を取り扱うようになっている。

　ピジョンが中国市場で主要なターゲットとするのは、年間出生数1,700万人のなかの約20％にあたる高所得者層である。ピジョンは、このターゲット層に対して一貫したマーケティング・ミックスを展開し、現在では、高価格帯の「総合育児用品ブランド」として中国市場で認知されるようになっている。

　中国市場においてもピジョンは、主力の哺乳器をはじめ、スキンケア、育児小物、トイレタリーなど、カテゴリ横断的な500ほどにのぼる育児用品を供給している。これらの製品は、ベビー専門店や百貨店のなかに「ピジョン・コーナー」という専用の売り場を設けて販売している。ピジョン・コーナーでは、研修を受けた販売員が接客を行い、ピジョンの育児用品の特徴を説明する。こうした取り組みが実をむすび、先行する外資系ブランド、そして現地資本のブランドが激しい競争を繰り広げる中国の育児用品市場において、ピジョンは、哺乳器に加えて、入浴スキンケアのカテゴリでも、第1位のブランドとなっている（2011年時点）。

　価格面では、輸入をはじめた当初は、ピジョンの製品と中国の現地ブランドの製品との価格差は4倍〜7倍もあり、販売はなかなか拡大しなかったという。2002年にピジョンは中国での現地調達を開始し、現地ブランドとの価格差は2倍〜2.5倍ほどになった。ピジョンは店頭において、「メイド・イン・ジャパン」の高価な輸入製品と、より手ごろな価格の現地生産の製品を並べて販売することで、高級品のイメージを保ちつつ、購買層を拡大することに成功した。

❖ 第2部　グローバル市場の把握

> **Column 5 − 1**
>
> ## 市場をどのように定義するか
>
> 　一般には市場とは、「製品・サービスの顕在化した買い手と潜在的な買い手すべてからなる集合」のことを指す。したがって市場の規模は、製品アイテムのレベルでとらえることもできれば、類似の技術を用いて製造される製品ラインのレベル、あるいは複数の企業の売上げから構成される産業のレベルでとらえることもできる。
>
> 　そのために、実際に市場規模を推定しようとする際には、参入しようとする市場の範囲をどのように定義するかによって、現地でのマーケティングの見通しも変わってくる。たとえば、中国市場でピジョンに先行していた外資系メーカーと現地メーカーの競争は、紙おむつ市場、粉ミルク市場、哺乳器市場、といった個別の製品アイテム・レベルで展開されていた。これは、同じような製品の集合として市場を定義するアプローチである。
>
> 　これに対してピジョンが展開したのは、多様な技術の製品群を、安全で安心できる育児用品として、ひとつの「ピジョン」ブランドのもとで提供するというマーケティングであった。2013年には、新たにベビー用紙おむつの生産にも着手している。このようにピジョンは、従来の製品市場の枠組みにとらわれず、ユーザーの消費目的にもとづいて育児関連の幅広い製品を供給しながら、統合的なマーケティング・コミュニケーションを展開することで、「総合育児用品」という市場のカテゴリで、独自のブランドを確立することに成功した。
>
> 　これは、顧客の消費目的によって、市場を定義するアプローチである。同様の消費目的によるアプローチとしては、たとえば「ダイエット中に食べるもの」「彼女に贈るプレゼント」「週末家族で出掛けるところ」といった市場の定義をあげることができる。

　こうしてブランド・イメージが高まった2006年には、ピジョンは、中国の現地生産の高級スキンケア商品を、日本市場の価格以上の高価格帯で投入する。現地生産による生産コストの低下を、価格の引き下げに利用するのではなく、高級育児用品ブランドとしてのイメージを高めるためのプロモーション投資に利用することにしたのである。

第5章　グローバルな市場規模推定

【写真5－1　中国で販売されているピジョンの哺乳器】

（写真提供：ピジョン株式会社）

❖ 中国市場でのプロモーション

　ピジョンは中国市場での広告については、公共交通機関の車内広告やバス車体のラッピング広告など、交通広告を重視してきた。共働きの両親と一人っ子の家庭が多い中国では、1人の赤ちゃんに対して、両親と2組の祖父母の「6つの財布」が集中するという。この「6つの財布」という幅広い年代層すべての目に触れやすいのが、交通広告である。

　他にもピジョンは、中国で数多く出版されている育児雑誌への広告出稿を行うとともに、地方都市でのバイヤーや販売員を対象としたセミナーの開催などを通じて、各地の小売店から消費者に向けてピジョンの製品を推奨してもらう流れをつくりあげてきた。また、育児においては、病産院のスタッフが重要なオピニオンリーダーとなる。そこで医療従事者を対象とした勉強会を積極的に展開し、医師や看護師たちからのクチコミをうながし、ブランドの認知とイメージの向上につとめた。

　さらにピジョンは2009年から、中国国家衛生局と共同で、全国43ヵ所の主要病院に母乳育児を推奨するための「母乳育児相談室」を開設している。これはWHO（世界保健機関）の指導にもとづき、母乳育児政策を推進する中国政府と、母乳育児に必要となる哺乳器やさく乳器といった製品を取り扱うピジョンの利害が一致して実現した取り組みである。相談室の内部には、母乳育児に関する資料とあ

◆ 第2部　グローバル市場の把握

わせて、ピジョンの関連製品が展示されている。実際に、病院で母乳育児についての指導を受けた母親が、そのまま病院周辺の育児用品の専門店でピジョン製品を買い求めることも少なくないという。

　ピジョンは、こうした中国でのプロモーション活動に加えて、育児問題に関するカウンセリングチームをつくるなど、CSR活動も積極的に推進している。このチームには、ピジョンのスタッフだけでなく、病院の医師などの専門家も含まれており、同社サイト上でベビーケア、妊娠ケアなどに関するカウンセリングサービスを提供しているほか、各都市で特別講座や、親子向けの多様なイベントを開催することで、顧客のロイヤルティ育成をめざしている。

　中国国内でのピジョンの現地生産体制は拡大しており、2006年にはスキンケア、哺乳器・乳首などの生産工場を上海に設立、2009年には母乳パッドやおしりふき、マグマグ、おしゃぶりなどの生産工場を江蘇省常州市に設立した。日本でヒットした製品を中国に投入するだけではなく、現地ニーズに合った新たな製品も独自に開発している。

【写真5-2　中国の小売店での「ピジョン・コーナー」】

（写真提供：ピジョン株式会社）

3 市場規模推定の3つの方法

❖ 市場の潜在的な可能性を見積もる

　中国市場でのピジョンは、流通企業や行政機関などの多様なステークホルダーと手をたずさえて、一貫したマーケティングを行うことで、総合育児用品ブランドとしての地位を築いてきた。とはいえ、こうした積極的なマーケティング活動には、それ相応の大きな投資が必要となる。ピジョンが早い段階で、直接投資に踏みきり、現地生産に乗り出したのも、中国市場の潜在的な可能性に対する大きな評価があってこそだと考えられる。このような市場規模の見通しを得るための3つの方法を、以下では見ていくことにしよう。

❖ 類似性にもとづく方法

　第1の「類似性にもとづく方法」は、市場規模の推定を行いたいと考えるA国のほかに、すでに市場規模がわかっているB国を見つけ出し、さらに対象製品に対する需要と特定の指標とのあいだに一定の関係を仮定することで、対象国市場の潜在性を算出する方法である。
　たとえば、ある育児用品メーカーが、A国におけるさく乳器の市場規模を知りたいと考えていたとする。しかし、A国のさく乳器の市場規模に関する信頼できる統計データは存在しない。
　そこで類似性にもとづく方法によって、A国におけるさく乳器の市場規模を推定する。はじめに行わなければならないのは、比較対象となる国を見つけ出すことである。A国と隣接しており、同じ文化圏に属していると考えられ、かつさく乳器の販売情報が入手可能なB国を比較対象として選ぶ。さらに、さく乳器の需要と強い相関があると考えられる哺乳器の販売情報も入手する。この場合、以下のような方程式を仮定することができる。

$$\frac{A国でのさく乳器の需要}{A国での哺乳器の販売数} = \frac{B国のさく乳器の販売数}{B国での哺乳器の販売数}$$

そして、推定を行うA国のさく乳器の需要以外のデータは、図表5‐1のように入手可能である。

【図表5‐1　推定に用いるデータ】

	哺乳器（千本）	さく乳器（千個）
B国	14,722.64	69.17
A国	15,626.15	?

（筆者作成）

この数値を先ほどの方程式に代入すると、

　A国でのさく乳器の需要
　＝　15,626.15　×　69.17／14,722.64　＝73.4（千個）

となる。

　場合によっては、A国とB国のデータは、異なる時期の数値を用いることもある（これを「長期的な類似性にもとづく方法」という）。たとえば、国民1人当たりGDPからみると、2000年代のベトナム、フィリピン、インドネシアといった東南アジア諸国の経済発展段階は、日本が高度成長期にあった1960～70年代によく似ているといわれていた。もし、このように異なる時点での2つの国の消費パターンに類似性が認められるならば、潜在的な市場性を以下のような式によって、算定することができる。

$$\frac{2000年のベトナムでのさく乳器の需要}{2000年ベトナムでの哺乳器の販売数} = \frac{1970年の日本でのさく乳器の販売数}{1970年の日本での哺乳器の販売数}$$

　ただし「類似性にもとづく方法」は、比較対象の2国間の文化差が大きく、消費パターンが大きく異なる場合や、競争や法規制などの要因により潜在的販売数と販売実績が異なる場合などには、誤った推定を導くことには、注意が必要である。

第5章 グローバルな市場規模推定

❖ 比率連鎖法

　第2の「比率連鎖法」は、市場規模を推定するベースとなる大づかみな数値（たとえば国の全人口）を、一連の「割合の連鎖」による調整を通じて、市場規模の推定へと近づけていく方法である。

　たとえば、比率連鎖法を用いて、ピジョンが中国で育児用品の販売を本格的に展開する前に、ターゲット市場の規模を割り出そうしたとする。比例連鎖法によって市場規模の推定を行うのであれば、次のような計算を行うことになる。

　ピジョンがターゲットとする高所得者層（世帯月収が1万元以上）は、中国全人口の約20％であり、人口に対する年間出生数は1.3％なので、中国の高所得者層における年間出生数は、以下のように算定できる。

　　中国の全人口　　　　　17億人
　　高所得者層人口　　　　3億4,000万人（＝0.2×17億人）
　　高所得者層の年間出生数　442万人（＝0.013×3億4,000万人）

　さらに、1人の赤ちゃんが生まれると、「6つの財布」と呼ばれる両親と2組の祖父母が、それぞれ平均年間6万円を育児用品のために支出すると仮定すると、中国における富裕層向けの育児用品市場の潜在的な市場規模は、以下のように導き出すことができる。

　　442万人　×　6人　×　6万円　＝　1兆5,912億円

　さらに追加的な情報があれば、より精緻な市場規模の算定を行うことができる。たとえば、支出のうち哺乳器の割合が2％程度であり、さらに参入を検討している現地の消費者に対するマーケティング・リサーチを実施した結果、ターゲット顧客のうち約70％が、競合他社ではなく自社の哺乳器製品を選ぶと回答したのならば、中国における哺乳器の潜在的市場規模は、およそ222億円（＝0.02×0.7×1兆5,912億円）と推定される。

❖ クロス・セクション回帰分析

　市場規模の推定に用いることができる、第3の方法は「クロス・セクション回帰

分析」である。回帰分析とは、説明したい変数Y（「従属変数」または「目的変数」と呼ばれる。ここではA国におけるある製品の市場規模）と、これを説明するために用いられるいくつかの関連が深い指標X（「独立変数」や「説明変数」と呼ばれる）とのあいだの関係を表す式を、統計的手法によって推計する分析である。分析自体は「エクセル」などの統計解析機能のついたソフトウェアを使って容易に行うことができる。その結果つくられるのは、以下のような式である（独立変数の数はn個）。

$$Y = b + a_1X_1 + a_2X_2 \cdots + a_nX_n$$

たとえば、あるコンビニにおける1日のビールの売上げ（Y：従属変数）は、その日の最高気温（X_1）と、コンビニが立地する通りの通行人数（X_2）の影響を受けて変動すると考えられるとする。このような場合、回帰式は以下になる。

（ビールの売上）＝ $b + a_1 \times$（最高気温）$+ a_2 \times$（通行人数）

ここで係数と呼ばれるa_1とa_2は、独立変数が従属変数にどの程度の影響を与えるかを表す値であり、定数項と呼ばれるbは、独立変数の変動に影響されない値である。回帰分析では、実際に測定された従属変数と独立変数の値から、こうした係数や定数項を算出し、回帰式を推計する。

回帰分析を用いるには、まず従属変数に影響する指標（独立変数）に、どのようなものがあるかを検討し、選び出さなければならない。次に、これらの独立変数のデータと、従属変数である市場規模のデータを、その製品がすでに導入されている複数の国から（＝クロス・セクションで）収集する。これらのデータを用いることで、対象とする国や地域での市場規模の予測を可能にする回帰式を導くことができる。

たとえば、ある家電メーカーが、東南アジアの各国に参入し、次世代型テレビの販売を行うことを検討しているとしよう。参入候補は、タイ、インドネシア、フィリピン、マレーシアの4ヵ国である。この企業は、世界の日米欧など計15ヵ国では、すでにこの次世代型テレビを販売しており、各国における年間販売実績のデータも持っている。さらに独立変数としては、各国の1人当たりGDP（購買力平価ベース）の値と、各国における自動車の販売台数とが、次世代型テレビの販売台数（従属変数）に関連の深い要因であることがわかっている。そして、これら2つの指標についても、先行する15ヵ国のデータを入手しているとしよう。以上の前提

【図表5-2　各国の所得と自動車販売台数のデータ（2014年）】

	1人当たりGDP（US$）	自動車の販売台数（台）
タイ	6,022	880,000
インドネシア	3,513	1,210,000
フィリピン	2,855	230,000
マレーシア	10,934	670,000

（筆者作成）

のもとで、データを用いて回帰分析を行うと、以下のような回帰式を導き出すことができる。

（各国における次世代型TVの年間販売台数）
　＝－13.3＋2.43×（1人当たりGDP）＋1.25×（自動車販売台数）

この回帰式を用いて、次世代型テレビの販売を計画している5ヵ国における、1年間の販売台数を予想してみよう。回帰式に、図表5-2に示す各国のGDPの値と自動車保有台数の値を代入すると、次のような結果となる。

推定される次世代型テレビの販売台数
　タイ　　　　　　111万4,620台
　インドネシア　　152万1,023台
　フィリピン　　　29万4,424台
　マレーシア　　　86万4,056台

この結果から、少なくとも潜在的な販売台数については、インドネシアが最も魅力的な市場である事がわかる。

4　おわりに

本章では、類似性にもとづく方法、比率連鎖法、クロス・セクション回帰分析という、3つの市場規模の推定方法を確認してきた。これらの推定方法を用いるうえで注意が必要なのは、同じ市場が対象でも、どの方法を用いるかによって、算定される数値に大きな違いが生じることがあることである。それは、この3つの方法が導くのは、あくまでも推定値であり、それぞれに異なる前提から推定を進めるから

Column 5 - 2

マーケティング活動の従属変数としての市場規模

　本章では、市場の潜在性を評価する上で、そこに参入する企業のマーケティング活動の影響は考慮してこなかった。しかし、ピジョンが高級育児用品ブランドとして成功し、中国で数百億円規模の売上げを実現することができた要因としては、もともと存在していた需要だけではなく、全国の病産院や小売店などと連携をしながら、高級な育児用品に対する新たなニーズを生み出していった取り組みが見逃せない。

　企業が推定しようとしている市場規模は、もともと決まった値として存在しているわけではなく、企業がどのような水準でマーケティング活動を展開するかによって変化する。図表5-3のように、企業が需要を喚起するためのマーケティング活動をまったく行わなくとも、ある程度の基本売上げ（市場最小値：Q1）は発生するだろうが、投入されるマーケティング費用の水準が高いほど、より大きな需要が生み出されることになる。ただし、その増加率は、次第に減少し、マーケティング費用が一定水準を超えると需要は伸び悩むことになる。この最大値が、市場潜在力と呼ばれる需要の上限である（Q2）。市場規模の推定にあたっては、このような関係を踏まえた解釈が必要となる。

【図表5-3　マーケティング費用水準に伴う需要の創出】

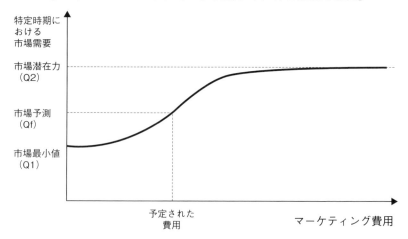

出典：P. コトラー『コトラーのマーケティング・マネジメント―ミレニアム版』ピアソン・エデュケーション、2001年　p.154をもとに筆者作成

である。

　したがって、市場規模の推定にあたっては、異なる推定方法を複数組み合わせて、多角的に市場規模を推定することが望ましい。場合によっては、参入先の市場で自社がどのようなマーケティング活動を展開するかによっても、市場規模は大きく変動する（Column 5-2参照）。参入先の国や地域の市場については、さまざまなシナリオを想定したうえで、推定によって導かれる最大値と最小値を意識しながら、幅をもった将来の見通しを考えることが重要となる。

❓ 考えてみよう

1．比率連鎖法を用いて、具体的な潜在市場規模の推定を行ってみよう。
2．クロス・セクション回帰分析をする上で、説明変数として用いることができそうな、市場規模に影響を与える要因には、どのようなものがあるだろうか。具体的な市場を想定して、列挙してみよう。
3．将来のマーケティング行動の成果を織り込んで、市場規模の推定を行うならば、どのような推定方法が考えられるだろうか。考えてみよう。

次に読んで欲しい本

大村平著『予測のはなし：未来を読むテクニック』日科技連出版社、2010年
細谷功著『地頭力を鍛える：問題解決に活かす「フェルミ推定」』東洋経済新報社、2007年
野村総合研究所オタク市場予測チーム著『オタク市場の研究』東洋経済新報社、2005年

第6章 グローバル市場セグメンテーション

1 はじめに
2 キヤノンのEOS Kissのグローバル・ポジショニング
3 グローバル市場におけるセグメンテーション
4 グローバル市場セグメンテーションの基準
5 おわりに

第2部　グローバル市場の把握

1　はじめに

　たとえば、あなたがカメラを買おうとするとき、一体どのような製品を選ぶだろうか。「持ち運びしやすいカメラがいい」「年賀状に使えるかっこいい風景写真が撮りたい」「パーティーなどの場で活躍するカメラがいい」など、きっと人によって好みや、求める使い方は異なるだろう。

　買い手が製品に求めることにはばらつきがある。そこで、企業は特定の買い手のグループ（セグメント）にねらいを定めて、そのニーズに応じたマーケティング活動を展開する。国内市場でも、買い手のニーズにはさまざまな違いがあるが、国境を越えた消費者の好みの違いはさらに大きくなることが多い。

　本章では、グローバルな市場において、企業がどのように買い手をグループ分けし、ねらいを定めたセグメントにアプローチしていくかを確認する。そのために、まずは世界中で販売されているキヤノンのデジタル一眼レフカメラの事例を紹介する。

2　キヤノンのEOS Kissのグローバル・ポジショニング

❖ EOS Kissシリーズ

　EOS Kissはキヤノン株式会社の一眼レフカメラである。キヤノンは1990年に、一眼レフカメラのEOSシリーズのエントリーモデルとして、斬新な新製品を世界に向けて発表した。一眼レフカメラの中堅機種に匹敵する仕様と機能を画期的な小ささのボディに組み込んだ製品である。この製品は、軽量かつ操作が簡単であり、しかも低価格だった。

　こうした製品特性は、従前からの一眼レフカメラのユーザーだったプロやハイアマチュアを越えた、よりライトで幅広いカメラユーザーにアピールすると想定された。そしてそのためには、従来の一眼レフカメラ以上にイメージの訴求が大切になると、キヤノンは考えた。

第6章　グローバル市場セグメンテーション

【写真6‐1　EOS Kiss Digital】

（写真提供　キヤノン株式会社）

　そこでキヤノンは、同社の一眼レフカメラとしては新たなネーミングを試みた。従前からの「T50」といった、単なる英数字のサブネームではなく「Kiss」をはじめとする意味のあるサブネーム（メインネームの「EOS」の次につけるネーム）を、国や地域に合わせて採用することにしたのである。

　加えてキヤノンは、カメラという「モノ」を売るのではなく、国や地域に則して「イメージ」を売るというマーケティングの方針を確立していった。この方針が、現在にいたるEOS Kiss シリーズのブランディングを支えている。そしてEOS Kissシリーズでは基本的に同一の製品であっても、国や地域ごとにポジショニングを変え、異なるブランドネームでマーケティングを展開している。

　当初はフィルムカメラだったEOS Kissも、現在ではデジタルカメラに転換している。EOS Kissはデジタルシリーズとなってからも人気を集めており、近年ではフィルムカメラ時代の10倍の台数を売り上げている。

❖ 北米における「EOS REBEL」

　さて、1990年にキヤノンが市場導入した、この新しい一眼レフカメラは、北米では「EOS REBEL」（イオス レベル）のネーミングで発売された。サブネームのREBELは「反逆者」という意味で、日本人からすると少々物騒な感じもする言葉だが、北米の若者たちにとっては「既存の体制を打ち壊す革命者」や「風雲児」といったかっこいいイメージの想起につながる言葉だった。有名テニス選手のアンド

❖ 第2部　グローバル市場の把握

レ・アガシを起用した広告や、「Image is Everything」というキャッチコピーともあいまって、EOS REBELは、一眼レフカメラの「大きい」「重い」「高い」という常識を打ち破る革新的なカメラとして、北米の若者のあいだで人気を博していった。

　キヤノンは、この新しい一眼レフカメラの特性を踏まえて、比較的可処分所得の少ない若者をターゲットに、彼らの憧れるライフスタイルに上手く適合させて訴求したのである。そして、ここでの成功要因である「機能を売るのではなく、イメージを売る」という指針は、その後のキヤノンの他の国や地域でのマーケティングにも採用されていく。

❖ 日本における「EOS Kiss」

　北米でのREBELの成功に倣い、日本では後継機が、1993年に小さな子供をもつ母親をターゲットにして「EOS Kiss」のネーミングで発売された。当時日本には女性向けの一眼レフカメラの市場は確立していなかった。そのなかでキヤノンは、「子供の写真を綺麗に撮りたい母親」をターゲットに、従来の一眼レフカメラには興味のなかった女性が親しみを覚えるネーミングを採用したのである。

　北米市場においては「革新性」の象徴であった軽さや小ささといった製品特性は、日本市場においては「女性の手になじみやすいカメラ」として訴求された。広告では小学校での運動会のシーンや、サッカーをしている子供たちを起用し、「子供のかけがえのない瞬間を逃さず撮影できる、操作性のよいカメラ」であることが強調された。

　キヤノンは北米市場でのEOS REBELの成功要因である「機能を売るのではなくイメージを売る」という指針は引き継ぎながら、どのようなイメージを誰に訴求するかについては、日本市場にあわせた変更を行うことで、販売を拡大していった。

❖ ヨーロッパでの「EOS 500」

　一方、多様な言語や文化によって成り立つヨーロッパでは、販売するすべての国や地域で共通の意味のある名前を採用することは難しく、「EOS 500、EOS 700、EOS 350」のように数字のサブネームを採用した。ヨーロッパでは、EOS Kissシリーズと同一の製品が、簡単に芸術性の高い写真が撮れる幅広い層のカメラビキ

第6章　グローバル市場セグメンテーション

【写真6-2　EOS Kissの店頭ポスター】

（写真提供　キヤノン株式会社）

ナー向けの製品と位置づけられた。ここでは、軽さや小ささといった製品特性を、クリエイティブなビギナーにとって使いやすいカメラとして訴求している。

　なお、アジアやオセアニアにおいても、EOS Kissシリーズと同一の製品を、このヨーロッパ向けと同じネーミングと方針で販売している。

❖ 国や地域によって異なるターゲットとポジショニング

　キヤノンはEOS Kiss シリーズにおいては、同一の製品であっても、北米市場では、革新的なライフスタイルに憧れる若者、日本市場では、子供のかけがえのない瞬間を逃さず撮影したいと考える母親、そしてヨーロッパ市場では、芸術性を求める一眼レフカメラのビギナーと、国や地域ごとにターゲットとするセグメント、そしてポジショニングを変更し、異なるネームを用いてブランド・イメージの構築を進めてきた。

【図表6－1　EOS Kissシリーズの日米欧でのマーケティング戦略】

	日本	北米	ヨーロッパ
ネーミング	EOS Kiss	EOS REBEL	EOS○○○D
ターゲット	若い女性（ママ）	若者	幅広いクリエイティブ層
訴求ポイント	子供をキレイに撮ろう。	かっこいいイメージ	芸術性 革新性

（キヤノン株式会社へのインタビューをもとに筆者作成）

一方で、一眼レフカメラの中上位機種については、キヤノンは、このような国や地域ごとのブランディングの方針変更は行っていない。プロやハイアマチュアが求めているのは、競技場でのスポーツ選手の撮影、あるいは花や植物の撮影といった、撮影目的に対応した操作性や仕様なのであり、そこには国や地域ごとの違いはほとんどない。したがって、同じ一眼レフカメラであっても、このような中上位機種において行うべきマーケティング上の訴求は、世界共通となる。

3　グローバル市場におけるセグメンテーション

❖ セグメンテーションとは

マーケティングにおいて市場のセグメンテーションが行われるのは、買い手のニーズに違いがあるからである。たとえば、同じ旅先での写真撮影でも、一眼レフカメラを取り出す人もいれば、スマートフォンですませる人もいる。同じシーンの撮影でも、人によって好みや予算で、どのような機器を必要とするかは異なってくる。

このような違いがある以上、1つの製品あるいはサービスで、すべての買い手を満足させることは難しい。しかしながら、逆に一人ひとりの個人にあわせて、特注品を製作していると、それはそれでコスト高となる。

そこで登場するのがセグメンテーション（市場細分化）である。セグメンテーションとは、何らかの基準（たとえば、住んでいる場所、性別、所得水準、年齢、製品やサービスの使用頻度、嗜好など）を用いて、買い手を似通った特徴をもつグ

第6章 グローバル市場セグメンテーション

ループへと分割するアプローチである。こうすることで企業は、生産や販売における一定の規模を保ちながら、買い手の異質性に対応していくことが可能になる。

いいかえると、企業は、自社の提供する製品やサービスを最も魅力的だと思ってくれそうな買い手のグループを見つけだすために、セグメンテーションを行う。一般によいセグメンテーションの条件とされるのは、以下の5点である。

① 買い手のグループへの分割を、性別や所得水準など、明確に測定可能な基準によって行う。
② 分割した買い手のグループは、事業の採算が取れるだけの規模をもつ。
③ 分割した買い手のグループ内のニーズは、共通性が高い
④ 分割した買い手のグループには、広告などによるアプローチを効率的に行うことができる。
⑤ 分割した買い手のグループの特性は、時間のなかで変化しにくく、安定している。

❖ グローバル・マーケティングにおけるセグメンテーションの重要性

グローバル市場に挑む企業にとって、セグメンテーションの必要性はさらに高まる。国境を越えると、買い手のニーズの違いは、より大きくなる。そのなかで、自社の製品やサービスを魅力的だと思う買い手のグループを見つけ出すことは、一段と大切になる。

グローバル・マーケティングの中心的な課題のひとつに、適応化と標準化のバランスをいかに取るかという問題がある（本書第7章参照）。グローバル市場においてセグメンテーションを行うことは、この問題へのひとつの解決策となる。同じニーズをもつセグメントが存在する国や地域では、基本的に標準化されたマーケティング・ミックスを展開することが可能になる。

続いて以下では、グローバル市場でのセグメンテーションにおける代表的なシナリオとなる、「ユニバーサル・セグメント」「地域セグメント」、そして「国別の多様化セグメント」の概要を見ていこう。

❖ ユニバーサル・セグメント

まず、ユニバーサル・セグメントである。企業がグローバル・セグメンテーショ

> ### Column 6 − 1
>
> ## STPマーケティング
>
> 　キヤノンは、同一の製品でも国や地域によってターゲットとポジショニングを変えることで、EOS Kissシリーズのグローバル・マーケティングを展開している。現代の企業が、こうしたアプローチを実践しようとするときに、標準的な手順となるのが、「STPマーケティング」である。STPマーケティングとは、まずセグメンテーションを行い、その結果を踏まえて、ターゲットとポジショニングの設定を行うマーケティング計画の進め方で、グローバルなマーケティングだけではなく、国内のマーケティングにおいても広く使われている。
>
> 　STPマーケティングは、以下の3つの手順で構成される。
> ① セグメンテーション：住んでいる場所、性別、所得水準、年齢、製品やサービスの使用頻度、嗜好などを基軸に、似通った特徴をもつ買い手をグループ分けする。
> ② ターゲットの設定：どの買い手のグループが、自社の製品やサービスを購入するメイン顧客となるかを見定める。
> ③ ポジショニングの設定：ターゲットとなるグループが魅力を感じ、かつ他社製品と差別化できる、自社の製品やサービスの利点を明確化する。
>
> 　キヤノンのEOS Kissのマーケティングでは、日本の消費者という大きな市場をライフステージ、子供の有無、性別などでグループ分けし（セグメンテーション）、小さい子供をもつ母親というグループを中心的な購入者と見定め（ターゲットの設定）、「ママのためのカメラ」として女性が手に持ちやすく、子供のかけがえのない瞬間をのがさず撮影できる一眼レフカメラであることをアピールすることにし（ポジショニングの設定）、人気ブランドの地位の確立を果たしている。

ンを行うには、さまざまな方法があるが、ひとつのやり方は、国境を越えた、ユニバーサルまたはグローバルなセグメントを見つける方法である。

　ユニバーサル・セグメントとは、国や地域の違いにかかわらず、世界中で共通のニーズをもち、同じようなものを欲しいと思っている人たちのセグメントである。

　消費者のニーズがグローバルに共通なものとなりやすいのは、パソコンや電子機器などのハイテク耐久消費財、あるいはクレジットカードなどの金融サービス、エアラインなどの旅行関連サービスなどである。プロやハイアマチュア向けの一眼レフカメラの中上位機種のように、専門家向けの製品やサービスでも、グローバルな

ニーズの共通化が起こりやすい。

　たとえば、アップルのiPodは、ユニバーサル・セグメントに向けた製品である。2001年に発売されたデジタル音楽プレイヤーのiPodは、インターネットの普及を背景に、従来のMDやCDではなく、ダウンロード方式で音楽を楽しむ若者層をターゲットとしてきた。iPodは世界中で同じデザイン、同じユーザー・インタフェイスで販売され、対応言語は20以上にのぼる。2001年以降は、東京でも、ニューヨークでも、アムステルダムでも、世界中の街角で同じiPodを使って音楽を聴く人を見かけるようになった。

地域セグメント

　日本の味噌やウスターソースやウォシュレットを、アメリカ合衆国の人たちが日常生活では使わないように、食品や住宅などの分野では、テレビやパソコンなどとは異なり、消費者のニーズが国や地域によって異なったものとなりやすい。

　このようなタイプの製品やサービスの分野において、グローバルに共通のユニバーサル・セグメントを見つけだすことは難しい。こうした場合における、ひとつの対応方法は、全世界で共通のセグメントではなく、数か国に共通するセグメントに注目するというものである。これが、地域セグメントである。

　たとえば、北欧の国々の人たちが共通して、「サルミアッキ」というキャンディが大好きである。これは、リコリスという薬草で味つけされたキャンディで、現地のスーパーでは、陳列棚ひとつすべてがサルミアッキ関連の製品ということもあるが、日本では「世界一まずい飴」としてテレビ番組に紹介されるなど、不評である。

　ユニバーサル・セグメント、そして地域セグメントは、国境を越えた共通の買い手のグループを見つけだそうとする方法である。地域セグメントは図表6-2のユニバーサル・セグメント方式の対象国数を減らしたアプローチとなる。

多様化セグメント

　一方で、複数の国や地域にまたがる共通のセグメントが見つからないことも、製品やサービスによってはないわけではない。そのような場合には、多様化セグメントが用いられる。

　多様化セグメントとは、個々の国や地域の市場で最適なセグメントを組み合わせ

【図表6-2 ユニバーサル・セグメントと多様化セグメント】

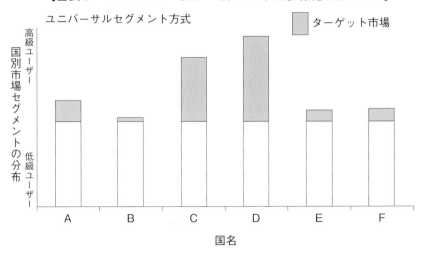

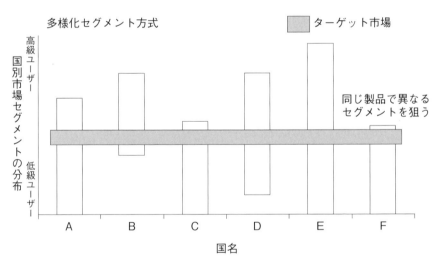

出典：M.E.ポーター編『グローバル企業の競争戦略』ダイヤモンド社、pp.144-145

て、グローバルに共通の製品やサービスの販売を進める方法である。キヤノンは、EOS Kissシリーズでは、この多様化セグメントを採用しており、日本では小さい子供をもつ母親のセグメント、北米ではかっこよさを求める若者のセグメントと、国や地域で異なるセグメントをターゲットとすることで、日本と北米で同一の製品の販売を実現している。

なお、キヤノンは、ヨーロッパとアジアとオセアニアにEOS Kissシリーズを展開する際には、国境を越えて、非常に似通ったセグメントをターゲットとしている。つまりキヤノンは、EOS Kissシリーズにおいては、多様化セグメントと地域セグメントを組み合わせたグローバル・マーケティングを展開しているのである。

4 グローバル市場セグメンテーションの基準

❖ セグメンテーションで重要なグループ分けの基準

　効果的なグローバル市場のセグメンテーションにあたっては、買い手のグループ分けの基準が重要になる。こうした基準は、国内市場のセグメンテーションと共通するものが多いが、グローバル市場でセグメンテーションを行う場合には、セグメンテーションの基準になる情報が、ある国では簡単に入手できるが、他の国や地域では入手できないといった問題に直面することがある点（詳細は、本書第4章参照）に注意が必要である。
　以下では、グローバル市場におけるセグメンテーションの主要な基準を確認していくことにしよう。

❖ 人口統計変数

　人口統計変数はデモグラフィック変数とも呼ばれ、もっとも広く使われているセグメンテーションの基準である。人口統計変数には、年齢、性別、家族構成、居住地、国籍などが含まれる。
　よいセグメンテーションの条件のひとつは、明確な測定が可能な基準が存在することである。人口統計変数は、人によって判断が異なる余地が少なく、明確な測定を行いやすい。
　さらに新興国などでは、共通のセグメンテーションの基準となる情報が入手困難となることが多いが、人口統計変数については、国際機関などの発表もあり、比較的正確な情報が入手可能である。

> Column 6-2
>
> ## 文化とセグメンテーション
>
> グローバルな消費者の行動をとらえるには、第3章で見たように、文化の問題が無視できない。もちろん、日本国内にも文化の差は存在する。たとえば、日清食品のカップ麺「どん兵衛」は東日本と西日本では、だしや調味料の使い方が異なる。文化圏によって、味つけの好みは異なるのである。
>
> 人間の集団には、文化があり、構成員の行動を特定のパターンに収れんさせる働きが見られる。人間が何について魅力を感じるか、あるいは何を手に入れることがステイタスとなるかについては、文化の影響が強い。
>
> 特定の行動のパターンが、ひとたび集団の文化となると、それは簡単には変わらない。たとえば、ガーナ共和国には、広く普及しているカラフルな棺桶がある。故人の職業や好きだったものをモチーフにした棺桶のデザインは、微笑ましくも奇抜である。ぜひインターネットなどで検索してみてほしい。しかし、これを知ったからといって、多くの日本人が、同様の棺桶を葬儀で使うようになることは考えにくい。
>
> 世界には多様な文化がある。グローバルな消費者にアプローチしていくためには、文化を広く深く理解し、マーケティング活動を立案することが重要となる。

❖ 社会経済的変数

社会経済的変数には、所得水準のような経済的な指標、あるいは学歴や職業のような社会階層上の指標などが含まれる。これらは、国や地域の経済活動の水準や、社会のあり方を反映した基準となる。新興国では、小分けにして単価を低くした食品が売れやすいなど、同じ経済発展の段階にある国や地域の消費者は購買行動が似ている可能性が高い。

❖ 行動変数

行動変数には、ブランドへのロイヤルティ、使用率（1人当たりの消費量）、製品やサービスの浸透度（その製品やサービスを使用する人の割合）などが含まれる。これらは、個々の買い手の行動をとらえる基準である。人口統計的、社会経済的、

あるいは地理的な近接性よりも、行動変数の共通性で異なる国や地域をグループ化するほうが、企業のマーケティング活動に対する共通の反応を得やすくなる。

❖ ライフスタイル変数

ライフスタイル変数には、買い手の嗜好や価値観、態度などが含まれる。これらは、買い手の心理に根ざした基準である。行動変数の場合と同様に、人口統計的、社会経済的、あるいは地理的な近接性よりも、ライフスタイル変数の共通性で異なる国や地域をグループ化するほうが、企業のマーケティング活動に対する共通の反応を得やすくなる。ただし、第4章でも見たように、新興国なども網羅した、共通のセグメンテーションの基準となる情報については、行動変数やライフスタイル変数においては、正確に把握することが難しくなることが少なくない。

5 おわりに

本章では、キヤノンのEOS Kissシリーズのグローバル展開の事例を手がかりに、グローバル企業が、その市場のセグメンテーションをどのように行い、見定めたセグメントにどのようにアプローチしていくかを確認してきた。

企業が国境を越えてマーケティング活動を展開していけば、買い手の違いは一段と大きくなる。そのために企業は、グローバルに共通の買い手のグループを見つけだすことで、事業の効率性を高めようとする。そのためにグローバル市場で用いられるセグメンテーションの代表的な方法として、本章ではユニバーサル・セグメント、地域セグメント、多様化セグメントを確認した。また、セグメンテーションの主要な基準には、人口統計変数、社会経済変数、行動変数、ライフスタイル変数などがある。

❓ 考えてみよう

1. 大塚製薬の『ポカリスエット』が日本以外のどんな国で販売されているか調べてみよう。
2. ポカリスエットについて海外と日本国内とターゲットとするセグメントを比較してみよう

❖ 第2部　グローバル市場の把握

3．なぜ、ターゲットとするセグメントが異なる（同じである）のか考えてみよう。

次に読んでほしい本

諸上茂登、藤澤武史著『グローバル・マーケティング（第2版)』中央経済社、2004年

マイケル E.ポーター編著、土岐坤、小野寺武夫訳『グローバル企業の競争戦略』ダイヤモンド社、1989年

第3部

グローバル市場の攻略

第7章

グローバル・マーケティング戦略

1 はじめに
2 世界のアイデアを統合させたP&Gの洗剤
3 グローバル・マーケティング戦略
4 おわりに

第3部　グローバル市場の攻略

1　はじめに

　世のなかには、変わるものと、変わらぬものがある。あるいは共有されるものと、共有されぬものがある。

　マーケティングにかぎらない。国境を越えた人と人との交流は、この二項対立の折り合いを探り合いながら進んでいく。一方には、人間としての共通の感情や知識があり、他方には、歴史や風土に根ざした異なる価値観や行動がある。グローバルにマーケティングを進めていけば、企業がさまざまな領域において、かたちを変えて出現するこの二項対立に、繰り返し直面することは避けがたい。

　グローバル企業は、この問題にどのように向き合っているのだろうか。

　本章では、P&Gの事例を踏まえて、この二項対立をめぐるグローバル・マーケティング戦略の多面的な展開方法についての理解を深めていく。

2　世界のアイデアを統合させたP&Gの洗剤

❖ P&Gの海外進出

　プロクター・アンド・ギャンブル社（以下、P&G）は、アメリカ合衆国のオハイオ州・シンシナティに本社を置くグローバル企業である。P&Gという企業の名前については、皆さんのなかには馴染みがないという人もいるかもしれない。しかし、P&Gの製品は、日本の私たちの日々の生活のなかで広く使われている。たとえば、衣料用洗剤の「アリエール」、台所用洗剤の「ジョイ」、消臭剤の「ファブリーズ」、紙おむつの「パンパース」、そしてヘアケア商品の「パンテーン」などである。それならよく知っている、という人は少なくないはずだ。

　P&Gの歴史は1837年に、ろうそく職人のW．プロクター氏と、石けん職人のJ．ギャンブル氏が、共同で事業をはじめたことを端緒とする。ろうそくと石けんの製造・販売を手がけていくなかで、「アイボリー」という石けんが全米市場で受け入れられ、19世紀末には全国型の製造企業へと成長を遂げる。1946年には、新た

第7章 グローバル・マーケティング戦略

に衣料用洗剤「タイド」を市場に導入し、人気を集める。タイドは1949年に、全米のトップブランド洗剤となる。

その後もP&Gは、次々に新製品を導入し、歯磨き粉やトイレットペーパー、紙おむつ、繊維柔軟剤などの分野へと事業を拡大していく。

同時にP&Gが行ってきたのが、海外市場への進出である。アメリカ合衆国の市場に向けて開発した画期的な新製品を、P&Gは世界のさまざまな国や地域の市場に次々と導入していった。

本書の第2章で見たようなグローバル・マーケティングの発展段階をP&Gも歩む。第2次世界大戦以前については、P&Gでは、本社が海外事業を主導し、各国に小規模の海外支店を配置していた。しかし戦後になると、それぞれの国や地域で成功するためには、その国や地域ごとの活動が必要になってくると考えたP&Gは、メキシコ、南米、ヨーロッパ、そして日本などで独立採算の事業体を立ち上げ、それぞれの国や地域のニーズに対応しつつ市場を開拓していった。1980年にはP&Gは、世界22ヵ国で事業を展開するに至り、海外での売り上げが全社売り上げの1/3を占めるようになった。2016年の現在では世界の70ヵ国以上で事業を展開している。

❖ 事業のグローバル化

海外市場に進出し、国や地域ごとに市場の開拓を進めたP&Gだが、その後は、事業のよりグローバルに統合化された展開を進めることになった。現在P&Gが世界中で展開する事業は、国や地域ごとに独立性の高い組織をもうける体制から、国や地域を担当する組織間の業務の重複を避けて、費用を削減し、連携を高める体制へと移行している。そうしたなかで、研究開発の体制もグローバルなものへと変化してきている。

P&Gでは、かつては研究開発をシンシナティの本社で集中的に行っていた。新製品の開発については本社の研究開発施設が担当し、その技術をもとに開発した新製品を世界のさまざまな市場に提供していたのである。

しかし1980年代以降は、研究開発の中心的な拠点をアメリカ合衆国、ヨーロッパ、日本、ラテンアメリカに設置し、グローバルに研究開発を行う体制を確立していく。これによりP&Gは、ある国で獲得した製品知識を世界中で共有しながら、グローバル・ブランドを構築していくことが可能となった。現在では、世界の

❖ 第3部　グローバル市場の攻略

24ヵ所に研究所を設置し、世界180ヵ国以上のニーズに対応するべく研究を進めている（2016年）。

❖ 世界中の最先端技術を集結させた製品開発

　現在ではグローバル・ブランドとなっている衣料用洗剤の例を見てみよう。P&Gは1946年に合成洗剤「タイド」を発売した。振り返ると1920年代ごろまでは、アメリカ合衆国の一般家庭では洗濯を石けんで行っていた。そこでの問題は石けんカスが出ることであり、それが出ない製品の開発が課題だった。なかなか糸口が見つからず、1931年にドイツ視察でヒントを得たP&Gの研究者が研究開発を開始し、試行錯誤が続いた。そしてようやく1946年に、タイドの製品化へとたどり着いたのである。タイドは発売されてすぐに、その画期的な性能が評価され、全米のトップブランド洗剤の地位を確立していった。

　そしてP&Gはタイドを、海外市場にも展開していく。しかし、国や地域ごとに洗濯習慣や文化は異なる。そのためP&Gは、それぞれの国や地域の習慣や文化にあわせて、個別の特性を持つ合成洗剤を導入することになる。

　たとえば、ヨーロッパ市場へ進出した当初、P&Gは、フランスでもタイドを販売し、初年度に15％の市場シェアを獲得した。だが、フランスの洗濯機にあうように泡立ちを抑えた新しい洗剤「ボクナス」を発売したところ、タイド以上の成功

【写真7 - 1　P&Gのタイドとアリエール】

（写真提供：P&G社）

第7章　グローバル・マーケティング戦略

をおさめた。アメリカ合衆国とは異なり、ヨーロッパでは多くの洗濯機がドラム式であり、容量は比較的少なく、高い水温で駆動していた。こうした洗濯習慣の違いを考えれば、タイドがヨーロッパのトップブランドとなる見込みは薄かった。そこでP&Gは、ヨーロッパの洗濯習慣にあった洗剤の開発を進め、泡立ちの少ない合成洗剤「ダッシュ」を開発し、1963年にドイツで発売した。1967年には酵素入り洗剤「アリエール」をドイツで発売し、その後もヨーロッパのさまざまな課題に取り組み、克服することに努めた。このアリエールは、後にヨーロッパだけでなく、南米やアジアでもメガブランドとなっていく。

　このように、P&Gはヨーロッパ進出時に国や地域ごとに異なる洗濯習慣や文化に合った製品を導入した。そして、アリエールのように国境を越えて成功するグローバル・ブランドも誕生した。その一方で、製品によっては、北ヨーロッパ地域で成功したものの、南ヨーロッパ地域では苦戦するものもあるなど、課題があった。

　P&Gはこうした課題が生じる原因は、各国で独立の事業体として運営されている組織体制にあると考えた。各国の事業体は自国での製品開発、製造、広告、マーケティングの責任を負い、独自に財務会計部門をもっていた。この体制は、ヨーロッパ全域でブランドを構築する際の障害になっていただけでなく、間接費の増加、サービスの重複などの原因になっていた。そこでP&Gは、研究開発の統合をかわきりに、調達、製造、マーケティングなどを統合し、グローバルな事業運営を進めていった。

　グローバルに統合された研究開発の体制から生み出された画期的な製品として、1984年に発売された液体洗剤の「タイド」がある。この研究開発にはアメリカ合衆国、カナダ、日本、そしてヨーロッパの技術者がかかわり、全世界の最先端技術が結集された。ドイツでは、洗剤に含まれるリン酸塩が川を汚染するという問題が深刻であった。この課題を解決するために、リン酸塩に代わる脂肪酸が開発されていた。日本では、洗濯時に温水を使わないため、この習慣に合った洗剤成分に改良する必要に迫られており、効果的に油分を落とす界面活性剤が開発された。こうした優れた技術のいくつかが結集されて、液体洗剤タイドは誕生したのである。タイドは発売後すぐにアメリカ合衆国の液体洗剤市場で主導的地位を確立し、勢いのあった競合企業ユニリーバの「ウィスク」の侵入を食い止めた。

❖ 第3部　グローバル市場の攻略

❖ 現地ニーズへの適応化

　世界の最先端技術が結集されたタイドは、液体洗剤市場で主導権をもつにいたったが、1988年に日本市場に導入された洗剤「アリエール」の場合は、同様に世界の最先端技術が結集されたにもかかわらず、苦戦を強いられた。

　そもそも日本市場でP&Gは、「チアー」という「どんな温度の水でも洗濯できる」ことを訴求した洗剤を1973年から販売していた。これは、日本では水道の冷水や風呂の残り湯を使って洗濯を行う習慣が根強いことを踏まえた製品である。当初は順調に販売を伸ばしていったチアーだったが、競合他社であるライオンの「トップ」、さらには花王の「ワンダフル」に市場シェアを奪われ、厳しい競争を強いられるようになっていく。1987年には、花王が新しいコンパクト洗剤の「アタック」を発売し、チアーをあっという間に抜き去って市場第2位となった。

　このような背景のなかで、1988年にP&Gは、新しいコンパクト洗剤の「アリエール」を日本市場に導入する。アリエールの開発には、低温で機能する漂白活性剤や、新しい界面活性剤など、全世界のP&Gの最先端技術が結集された。日本市場においてアリエールは、ライオンのトップ、花王のアタックに次ぐ第3位ブランドにまでは成長したが、その後は思うように伸びなかった。

　アリエールのブランドマネージャーたちは、綿密な消費者調査を行い、日本の消費者は洗濯物を白く明るく洗い上げる漂白効果だけでなく、殺菌効果も求めていることを特定した。そこで、研究開発センターとの協働により、アリエールに殺菌力を加えるように改良が進められた。こうして、世界の最先端技術を結集して実現した基本成分の洗浄力に、現地ニーズに合わせた殺菌効果を加えることによって、アリエールは市場シェアをさらに高めていった。

❖ マーケティングのグローバル化がもたらす利点

　P&Gの事例に見たように、企業がマーケティングのグローバル化を進めるひとつの大きな理由は、世界のさまざまな国や地域でのマーケティング活動を統一化することから生まれる、ビジネス上の数々の利点である。以下では、マーケティング活動のグローバルな統合化がもたらす主要な3つの利点を確認していこう。

　第1にグローバル企業は、自国の競合他社が容易に真似できない優れた製品や

サービスを誕生させることができる。さまざまな国や地域の多岐にわたるニーズへの対応を、ひとつの共通の製品やサービスに融合していくことは、本国だけの開発では到達することのなかったオールイン・ワン型の製品やサービスを生み出すイノベーションを実現する。

　第2にグローバル企業は、研究開発コストの負担を、グローバルな統合化を通じて、より大きな市場に分散させることができるようになる。たとえば、日本市場のニーズに適応するために開発した新技術が日本市場向け商品のみに使われた場合、その開発にかかったコストは日本市場での販売から回収することになる。しかし同じ新技術を、複数の国や地域の市場向けの商品にも応用することができれば、開発コストの負担は分散され、日本での事業への負荷は低減する。

　第3にグローバル企業は、イノベーションのアイデア源を拡大できる。国や地域の習慣や文化、あるいは法制度の違いは、マーケティング上の異なったアイデアの源泉となる。「必要は発明の母」ともいう。グローバルなマーケティング活動の統合化は、より幅の広い交流のなかで、社内の人々がより多様なアイデアや知識に触れる可能性を高める。

3　グローバル・マーケティング戦略

❖ グローバル・マーケティング戦略の基本構成

　P&Gの事例で見てきたように、多くのグローバル企業は、世界のさまざまな国や地域でのマーケティング活動を統合しながら事業を展開する。コカ・コーラは世界中で共通の広告テーマを使い、ゼロックスは世界中で共通のリースサービスを提供することで、成長を果たしてきた。全世界のマーケティング活動を共通化することは、グローバル企業に多くの利点をもたらす。

　とはいえ、グローバル・マーケティング戦略とは、マーケティング活動のすべてを標準化することではない。マーケティングの実践は、さまざまな活動の組み立てによって成り立つ。そのなかの何をグローバルに標準化し、何を現地に適応化するかは、市場の状態や発展段階、そして企業の戦略判断などによって決まる。グローバル・マーケティング戦略の基本は、活動のすべてではなく部分を標準化し、その

❖ 第3部　グローバル市場の攻略

利点を最大限に引き出すことだと考えてよい。

❖ グローバルな標準化の利点と限界

　グローバル企業がマーケティング活動を、国や地域ごとに個別に実施するのではなく、標準化された統一の活動に切り替えていくことには、前節で見たように①製品とプログラムの改善、②コスト削減、③知識創造の活性化などの利点がある。さらにこれら3点の具体的な詳細を見ていけば、グローバルなマーケティング活動の標準化には多くの利点があることがわかる。これらの諸点については、本書の第9～13章を参照して欲しい。

　グローバル・マーケティング戦略においては、標準化の利点があるが、その一方で限界もある。「郷に入りては郷に従え」ともいう。画一的な製品やサービス、価格、プロモーション、そして販売網を、グローバルに押し通そうとすると、第3章で見たような国や地域によって異なる習慣や文化や法制度、さらには地理的な隔たりや所得の違いへの適応が困難となる（Column 7 - 1 参照）。

　グローバル・マーケティング戦略では、以上のようなマーケティング活動の標準化の利点と限界を踏まえて、さまざまな活動の組み立てをバランスよく実現していくことが基本となる。そのためにも、グローバル・マーケティングでは、世界のさまざまな国や地域の市場の相違点と共通点への理解を深めることが欠かせない。

❖ マーケティングのプログラム、プロセス、ネットワーク

　グローバル・マーケティング戦略において企業が標準化の利点を享受しようとするとき、そこには、プログラム、プロセス、ネットワークの3つの局面がある（黄磷『新興国市場戦略論』千倉書房、2003年）。企業が取り組む活動としてのマーケティングを成り立たせているのは、①顧客に提供するプログラム、②このプログラムを企業が生み出すための計画、実行、統制のプロセス、③以上のプログラムとプロセスの展開を支える企業内外の取引のネットワークである。グローバル・マーケティング戦略における標準化は、この3つの局面のそれぞれで追求することができる（Column 7 - 2 参照）。

　第1のマーケティングのプログラムは、第3章で見たように製品、価格、流通、プロモーションの4つのP（マーケティング・ミックス）から成り立つ。なお、こ

第7章 グローバル・マーケティング戦略

> **Column 7 − 1**
>
> ## 世界市場におけるマーケティングの標準化可能性の程度
>
> 　グローバル企業は、マーケティング活動を国や地域ごとに実施するのではなく、標準化された統一の活動に切り替えていくことによって、さまざまな利点を享受できる。しかし製品によっては、標準化を進めると、どの国の顧客も満足させることができなくなってしまう可能性がある。
>
> 　たとえば、南米のメキシコではハラペーニョという辛い唐辛子の缶詰が日常食として売られている。しかしブラジルやチリでは、これを食べる人はほとんどいないという。調味料や加工食品に関わる産業では、ラテンアメリカを一括りの市場と考えてはいけないようである。
>
> 　同じ食品産業でも、ネスレはキットカットという同一製品を世界中で販売している。しかしそこでも、世界中の市場に同じ方法でアプローチすることは難しい。キットカットのコンセプトは「Have a break, Have a Kitkat」であるが、ヨーロッパ流のbreakの意味は日本市場では十分に伝わっていなかった。その代わりに日本では、受験を控えた高校生やその両親たちが、「キットカット」の音（おん）が「きっと勝つ」と似ていることから、願掛け的な思いを込めて購入していることがわかり、それを受けて受験応援キャンペーンが行われた。この場合、製品自体は世界中で販売されているものと同一だが、コンセプトは日本語の語呂合わせから生まれたものであり、他の国や地域に標準化できるものではない。（石井淳蔵・廣田章光・坂田隆文編著『１からのマーケティング・デザイン』碩学舎、2016年）
>
> 　このように国や地域の多様性があるなかで、多岐にわたるマーケティング活動のどの局面が標準化に適しており、どの局面で適応化をはかるべきかの判断は複雑なものとなる。
>
> 　その一方で、コンピュータや通信など、産業自体が新しく、グローバルな消費パターンが形成途上にあるため、文化的制約が比較的小さい産業分野も存在する。

のマーケティング・ミックスでいう「製品」とは、顧客から対価を受け取って企業が提供する財のことであり、有形財としての製品のみならず、無形財のサービスも、その範疇に含む。

　グローバル・マーケティングにおける標準化か、適応化の問題は、これらの製品、価格、流通、プロモーションの４つの要素のそれぞれにおいて出現する。P&Gの

> Column 7−2

競争分析

　本章で見てきたように、グローバル企業はマーケティング活動の標準化からその利点を引きだそうとする。だが同時にグローバル企業は、世界の各国や地域において異なる企業との競争に直面する。競争相手と比較しながら自社の競争上のポジションを評価し、マーケティング戦略の方向性を検討することも重要である。

　自社の競争上のポジションを分析する手法の一つに「SWOT分析」がある（SWOT ＝ 強み Strengths、弱み Weaknesses、機会 Opportunities、脅威 Threats）。SWOT分析は、まず情報を2つの主要なカテゴリー（内部要因と外部要因）に分け、次にそれぞれを肯定的な面（強みと機会）と否定的な面（弱みと脅威）にわける（図表7-2参照）。

　内部要因は、自社の市場地位に与える影響によって強みと弱みに分けられる。対象となるのは人材や財務、マーケティング・ミックス（製品、価格、プロモーション、流通）のすべてである。なお、これらについては、ある企業にとっては強みとなるものが、他の企業にとっては弱みとなるかもしれない。

　同様に、外部要因も自社の市場地位に与える影響によって機会と脅威に分けられる。これには技術上の変化、法律、社会文化的変化、市場や競争地位の変化などが含まれる。外部要因も同様に、ある企業にとっては機会となるものが別の企業にとっては脅威となるかもしれない。これらの評価はあくまでも相対的なもの

【図表7-2　SWOT分析】

外的要因 ＼ 内的要因		強み	弱み
		ブランド名、人的資源、マネジメントのノウハウ、技術、広告、等	価格、資金不足、長い製品開発サイクル、独立流通企業への依存、等
機会	成長市場、投資に適した環境、規制緩和、為替レートの安定、特許保護、等	S＊O戦略：強みを最大化し、かつ機会を最大化する戦略の開発	W＊O戦略：弱みを最小化し、かつ機会を最大化する戦略の開発
脅威	新規参入、消費者選好の変化、新しい環境保護法、現地調達義務、等	S＊T戦略：強みを最大化し、かつ脅威を最小化する戦略の開発	W＊T戦略：弱みを最小化し、かつ脅威を最小化する戦略の開発

出典：小田部正明、K. ヘルセン『国際マーケティング』碩学舎、2010年、p.253

第7章　グローバル・マーケティング戦略

である。

　マーケティング担当者は、このSWOT分析にもとづいてマーケティング戦略の方向性を検討することができる。たとえば、自社の強みと市場機会の両方を最大化するために、S＊O戦略を考えることができる。あるいは、企業の強みを最大化し、かつ外部の脅威を最小化するためには、S＊T戦略を考えることができる。

　このように、企業が競合企業との差別化を実現して競争優位を築いていくには、自社のリソースがもつ競争優位性を異なる角度から繰り返し問い直す必要がある。

マーケティングについていえば、全世界で共通の洗剤を販売するかどうかだけではない。さらにはその価格、流通、プロモーションのそれぞれにおいて、どの部分を標準化し、その部分を適応化するかにグローバル企業は頭を悩ますことになる。そこには、製品、価格、流通、プロモーションの仕様に加えて、第6章で見たようなグローバルな個々の市場におけるターゲット、そしてポジショニングの問題が加わる。これらの個々のマーケティングのプログラムの具体的な展開については、本書の第9～13章で検討していく。

　第2のマーケティングのプロセスは、マーケティング・ミックスのそれぞれを計画、実行、統制するプロセスである。グローバル企業が標準化の利点を引き出そうとする際には、アウトプットとしての製品、価格、流通、プロモーションを標準化するだけではなく、それらを生み出すプロセスを標準化するという方法がある。

【図表7‐1　マーケティングのプログラム、プロセス、ネットワーク】

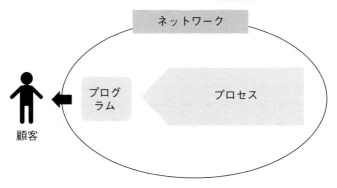

（筆者作成）

❖ 第3部　グローバル市場の攻略

　本書の第15章で取り上げるように、日本での製品供給においてコカ・コーラは、アメリカ合衆国のボトラー・システムと共通点の多いサプライ・チェーンを採用している。しかし、このシステム上を流れる製品には、炭酸飲料の「ファンタ」、コーヒーの「ジョージア」、スポーツ飲料の「綾鷹」、ミネラルウォーターの「い・ろ・は・す」など、日本で独自に開発されたものが少なくない。ここに見られるのは、プログラムは現地に適応させながら、プロセスを共通化することで標準化の利点を引き出そうとするアプローチである。

　第3のマーケティングのネットワークは、マーケティング・ミックスと、それらを生み出すプロセスを支える企業内外の取引のネットワークである。グローバル企業は、世界のさまざまな国や地域において、現地の企業との取引のネットワークのなかで、マーケティングのプログラムとプロセスを実効化していく。この取引のネットワークについて、世界中で共通のものを求めるか、それとも国や地域ごとに異なる対応を確立するかという選択にもグローバル企業は向き合う必要がある。

　本書の第14章で取り上げるように、フランスを本拠とするグローバル小売企業のカルフールは、アジアにおいて現地の商材を中心とした売場づくりを行ってきた。そして、この店づくりは、カルフール流の徹底した直接取引による低価格仕入れによって支えられていた。カルフールもまた、プログラムは現地に適応させながら、プロセスを共通化することで標準化の利点を引き出すアプローチをとっていたのである。

　しかし、このアプローチは、日本におけるカルフールを困難に直面させることになった。日本の取引慣行のもとでは、国内メーカーとの直接取引は難しく、加工食品部門を中心にカルフールは商品構成に困難に直面することになる。

　日本においては、アジアの他の国々と同様の取引のネットワークを前提とした事業がかなわない。そのなかでカルフールは、標準化の利点をどこに求めるかをめぐって模索を続けることになった。日本ではネットワークの標準化を果たせなかったカルフールは、プログラムの標準化に新たな競争優位を求めるが、そこでもさらなるジレンマに直面する。取引ネットワークのグローバルな共通性の問題が、マーケティングにおよぼす影響の大きさを示す事例である。

4 おわりに

　グローバル・マーケティングにおいて、企業が直面するのは、変わるものと、変わらぬもの、あるいは共有されるものと、共有されぬものから成り立つ、二面的な世界である。グローバル企業は、マーケティング活動をグローバルに展開することの利点を、標準化を通じてさまざまなかたちで引き出すことができる。グローバル・マーケティングにおける標準化は、マーケティングにおけるさまざまなプログラム、さらにはそれらを支えるプロセスとネットワークを通じて追求できる。

　一方で標準化には、利点だけではなく限界もある。世界のさまざまな国や地域では、変わるものや共有されないものもある。グローバル・マーケティング戦略では、標準化の利点を引き出しつつ、適応化を果たすべく、さまざまなマーケティング活動の組み立てをバランスよく実現していかなければならならない。

? 考えてみよう

1．マーケティング活動のグローバル化によって、どのようなメリットがもたらさせるかを考えてみよう。
2．日本市場のみで販売されている商品の例を挙げ、海外進出する場合にマーケティング活動のどの部分（要素）を標準化するとメリットが生まれるか、あるいはデメリットが生まれるかを考えてみよう。
3．2で挙げた商品の例についての競争分析を行い、マーケティング戦略が目指す方向性を考えてみよう。

次に読んで欲しい本

デーヴィス・ダイアー、フレデリック・ダルセル、ロウェナ・オレガリオ著、足立光、前平謙二訳『P&Gウェイ：世界最大の消費財メーカーP&Gのブランディング』東洋経済新報社、2013年

黄磷著『新興国市場戦略論：グローバル・ネットワークとマーケティング・イノベーション』千倉書房、2003年

第8章

グローバル市場参入戦略

1 はじめに
2 海外のパートナーとともに歩む味千ラーメン
3 海外市場への参入方法
4 おわりに

第3部　グローバル市場の攻略

1　はじめに

　シェアリングとは、耐久財を、他の人たちと共同で所有しながら利用することで、金銭的な負担やリスクを低減させたり、利用の柔軟性を高めたりする方法である。同じ自動車での利用でも、カーシェアリングのように、所有の形態を変えることで、経済性を高めたり、享受できる多様性を増したりすることができる。

　持つべきか、持たざるべきか。この選択は、グローバル・マーケティングにあたっても、重要な問題となる。海外での事業の所有の形態は、グローバル・マーケティングの展開に大きく影響する。

　本章では、海外事業の所有の形態の違いに注目しながら、海外市場への参入の方法を検討していく。

2　海外のパートナーとともに歩む味千ラーメン

❖ はじまりは8席だけの小さな店

　海外でもっとも店舗数が多い日本のラーメン店チェーンはどこか。意外かもしれないが、それは「味千ラーメン」である。

　「味千ラーメン？　聞いたことがないなあ」と思われるかもしれない。これは当然の感想であり、味千ラーメンを展開する重光産業株式会社は、熊本市にある従業員数わずか100人の会社である。味千ラーメンは日本国内に86店舗を展開しているが、幸楽苑の507店舗（2016年3月現在）や日高屋の362店舗（2016年4月現在）などと比べると、大きくはない。しかし、味千ラーメンには、海外に日本の8倍にあたる682店舗があり、現在は12の国と地域にフランチャイズ展開している（2016年8月現在）。

　味千ラーメンは1968年の創業。熊本県庁前の8席だけの小さな店からはじまった。1970年代には、国内でのチェーン展開に乗り出した。特徴的な香ばしい味わいの秘密は、「千味湯」と呼ばれる独自の豚骨スープと、秘伝の褐色タレ「千味油」

にある。創業者の重光孝治氏は台湾人であり、台湾にいた時に好きだった味を、久留米系の豚骨ラーメンにプラスしてできたのが、味千ラーメンだという。

❖ 台湾出店の挫折

　味千ラーメンの海外進出は、最初から順調だったわけではない。はじめての海外出店は、創業者の故郷の台湾だった。1994年に台湾の製麺会社と合弁企業を設立し、ストレート型のフランチャイジングで進出したが、開業後しばらくすると、調理ノウハウが守られなくなり、ラーメンの品質や味が大きく低下してしまった。そのために、結局は契約を解消して撤退。最初の海外出店は失敗に終わった。

　1995年には、北京でも合弁事業をスタートした。だがここでも、合弁相手が日本側の要望を聞き入れてくれなかったことが理由で、わずか数年で合弁を解消した。これらの経験から、重光産業が学んだのは、「現地の好みは無視できないが、味千ラーメン本来の味を守るために、決して妥協してはいけない」「われわれの思いを受け入れて、きちんと守ってくれるパートナーを選ばなければいけない」ということだった（『経営者通信』Vol.11、2011年4月号）。

❖ 転機となった香港出店

　重光産業が、味千ラーメンの海外展開を飛躍させるきっかけをつかんだのは、香港だった。今回のパートナー選びは慎重だった。この香港のパートナーには、熊本本店で1ヵ月間にわたって、調理や接客、店舗運営などの研修を受けることを求め、共に生活をすることを通じて、そのやる気や考え方を見極めた。香港進出の計画を練り上げ、1996年に1号店を出店した。同じ年に、中国での店舗展開を手掛ける「味千中国ホールディングス」を合弁で設立し、重光産業からも数パーセントを出資した。

　香港1号店については、月額賃料270万円の一等地を押さえ、最も目立つ場所に出店できたため、大きな宣伝効果を獲得した。麺は、日本から運んだ製麺機を用いて、中国工場で製造した。重光産業はこの製麺工場に技術者を派遣し、現地の作業者を指導しながら、味千ラーメン独自の麺を現地生産する体制を整えた。現地で調達できない具材や千味湯、千味油などは、日本から供給した。品質管理、接客サービス、店舗運営などのノウハウも重光産業が徹底的に指導した。台湾のときと

【写真8-1　香港の味千ラーメン】

（写真提供：重光産業株式会社）

は違って、ラーメンの味とサービスが忠実に守られるようになった。

❖ 中国、シンガポール、そして世界へ

　香港進出から2年後の1998年には、中国本土での味千ラーメンの1号店がオープンした。経営許可の手続き、現地政府との交渉、土地の取得などは、香港のパートナーにまかせた。

　その後の展開のなかで、中国での味千ラーメンの店舗は、日本とはかなり異なったものとなっていく。200席以上の大型店もあるし、ラーメン以外の日本料理も提供するようになった。ラーメンのバリエーションも豊富で、「ラーメンレストラン」とでもいうべき業態へと進化している。2007年に味千中国ホールディングスは、香港証券取引所に上場し、中国で660店舗を超える規模（2016年6月現在）にまで成長している。

　味千ラーメンが、中国に次いで成功をおさめているのがシンガポールである。現地での店舗展開をになうジャパンフード・ホールディングスを経営しているのは、シンガポール在住の日本人実業家である。同社は2009年にシンガポール取引所に上場を果たした。

　ジャパンフード・ホールディングスは1997年にシンガポール1号店をオープン

第8章 グローバル市場参入戦略

2000年にはさらにシンガポール、マレーシア、インドネシア、そしてベトナムにおけるサブ・フランチャイズ権を獲得し、それらの国における店舗展開を進めている。現在では、味千ラーメンをシンガポールに16店舗、マレーシアに4店舗、ベトナムに2店舗を展開している（2016年3月現在）。

そのほか、味千ラーメンは、アメリカ合衆国、カナダ、グアム、オーストラリア、台湾、カンボジア、そしてモンゴルにも同じくフランチャイジングで店舗を展開している。

❖ 現地パートナーとの協力から生まれる成長

味千ラーメンは、グローバル・ブランドとして大きな成長を果たしている。その海外展開における方針は、基本的な味はゆずらないが、それ以外の出店計画や運営は現地のパートナーにゆだねる、というものである。各国・地域のパートナーは、ユニークなメニューやアイデアによって集客を実現している。

味千ラーメンのベースとなるスープや麺の製法は日本から持ち込むが、トッピングは現地のニーズに合わせて開発する。各国のオリジナルメニューがあり、タイの「トムヤムラーメン」や中国の「激辛牛肉ラーメン」など、日本に逆輸入されているメニューもある。

【写真8-2　シンガポールの味千ラーメンのメニュー】

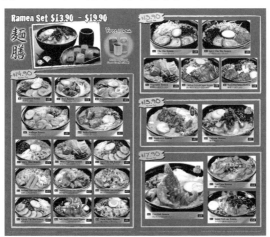

（写真提供：重光産業株式会社）

❖ 第3部　グローバル市場の攻略

　一方、重光産業は、「現地化をしながらも、日本の味千の味を残す」ことを重視している（『日経ビジネス』2009年11月30日号）。100％ノウハウを開示することはなく、味の決め手となる部分は日本側に残している。麺の製造は現地法人に任せているが、スープの工場は重光産業が所有する。どんなによいパートナーであろうとも、彼らの知らない「ブラックボックス」を持っておくことは欠かせないのだという（『経営者通信』Vol. 11、2011年4月号）。

　重光産業は、海外事業からの主な収益は、食材販売とロイヤリティーなどによって得ている。とはいえ、海外店舗数が多い割には、その収益は多くない。たとえば、パートナーの味千中国ホールディングスの売上げが400億円を超えるのに対して、重光産業の売上げは26億円程度であり、海外事業の売上げについては6億円である（2014年）（朝日新聞朝刊、2014年7月19日）。重光産業は黒子に徹して、パートナーの繁盛を支えることでビジネスを展開していく戦略をとっている。

3　海外市場への参入方法

　グローバル・マーケティングを進めるうえでの海外市場への参入の形態には、大きく分けて、①海外直接投資を伴わない方法と、②海外直接投資による方法がある。
　より詳細には、海外直接投資を伴わない方法には、輸出（直接輸出・間接輸出）と、契約関係による海外事業展開（ライセンシング、フランチャイジング、委託生産）などの方法がある。そして、海外直接投資による方法には、完全所有子会社（グリーンフィールド投資、M&A）、合弁などの方法がある。
　グローバル・マーケティングにあたっては、こうした参入方法の多様な選択肢と、そのメリットとデメリットを押さえておく必要がある。

❖ 海外直接投資を伴わない海外市場参入方法

①　輸出（国際貿易）

　海外市場への参入を輸出からはじめる企業は多い。輸出にはさらに、間接輸出と直接輸出の2つの方法がある。

ア）間接輸出

　間接輸出とは、商社や輸出代行業者などの仲介企業を経由して、海外市場での販

【図表8-1 参入方法の利点と欠点】

参入方法	利　　点	欠　　点
間接輸出	・短期間での市場参入が可能 ・国際貿易の手続きを代行してもらうため、国際化のための人材が必要ない ・資金投入もリスクも限定的	・海外での販売方法や販売先をコントロールできない ・海外市場との接触の欠如
直接輸出	・間接輸出に比べ、海外業務へのより大きいなコントロール ・直接に海外市場にアプローチできる ・より強力な販売促進 ・海外市場の情報やフィードバックが得られる	・国際化のための人材が必要 ・より多くの経営資源の投入が必要 ・海外市場での業務などに自ら取り組む必要がある
ライセンシングとフランチャイジング	・経営資源の投入が限定的 ・短期間での参入が可能	・海外直接投資の参入方法に比べ、収益が限定的 ・パートナーの熱意や経営力に左右される ・潜在的なライバルを育てる危険性 ・コントロールの難しさ
委託生産	・設備投資、リスク、管理の負担を軽減できる	・将来のライバルを育ててしまう危険 ・業務コントロール、品質管理、品質維持の難しさ
完全所有子会社	・高い事業コントロール ・利益の完全占有 ・進出先の国や地域へのコミットメントを示す ・パートナーに左右されることない	・多くの経営資源の投入 ・コスト負担 ・財務上の高いリスク ・進出先との政治上・文化上の差異
合弁事業	・完全所有子会社に比べ、必要となる経営資源が少ない ・パートナーの経営資源を利用できる ・リスク共有 ・現地知識・情報の獲得 ・現地企業や政府との関係づくりがし易くなる	・事業の完全なコントロールができない ・パートナーとの対立、意見相違のリスク

(筆者作成)

売を行う方法である。間接輸出には、次のメリットがある。第1に輸出企業は、短期間で海外市場に自社製品を投入することができる。第2に、国際貿易の手続きを自ら行わなくてもよく、国際化のための人材を社内に抱え込む必要もない。そのため、大きな資金を投入する必要もなく、リスクは小さい。

間接輸出のデメリットは、自社製品の海外での販売方法や販売先をほとんど、あるいはまったくコントロールできない点である。そのために、海外展開のファースト・ステップとして間接輸出はよく利用されるが、海外での売上げが伸びると、直接輸出や海外直接投資など、より関与を高めた方法へと切り替える企業が多い。

イ）直接輸出

直接輸出とは、自社内に輸出を担当する部署をつくり、自ら輸出する方法である。近年では、インターネットを通じた越境eコマースという新たな選択肢も出現している（越境eコマースについては、本書第1章参照）。

直接輸出には、次のメリットがある。第1に輸出企業は、間接輸出に比べて海外業務における自社のコントロールの度合いを高めることができる。第2に、海外に直接アプローチし、独自の販売促進を行い、市場からより多くの情報やフィードバックを得ることができる。

直接輸出のデメリットは、人材を社内に確保する必要があり、より多くの経営資源の投入が求められることである。ターゲット市場の選択、海外代理店の選定、ロジスティックス業務などにも自社で取り組まなければならない。なお、輸出先の現地での販売方法やプロモーション、あるいはサービスのオペレーションなどのマーケティング活動を直接コントロールすることが難しい点は、間接輸出と変わらない。

② 契約関係による海外展開

海外直接投資を伴わない方法には、輸出のほかにも、契約関係による海外展開がある。そこでよく使われる方法には、ライセンシング、フランチャイジング、そして委託生産などがある。契約関係による海外展開では、現地のマーケティング活動への関与の度合いを高めつつ、海外直接投資は伴わないことから、失敗時のリスクを押さえることができる。

ア）ライセンシングとフランチャイジング

ライセンシング、そしてフランチャイジングとは、期間またはエリアを区切って自社の無形資産を、契約にもとづき他の企業に貸与し、ロイヤリティーを受け取ることで事業を拡大する方法である。ここでいう無形資産とは、自社の製品やサービスの独占的な販売、特許やデザイン、商標や技術などについての使用権である。ライセンシングやフランチャイジングの受け手であるライセンシーやフランチャイジーは対価として、与え手であるライセンサーやフランチャイザーにロイヤリティーを支払う。

ライセンシングとフランチャイジングの違いは、受け手側の企業をどの程度規約で縛るかの違いだといえる。フランチャイジングでは、詳細で明確なノウハウが提供されるが、その分、受け手の裁量の余地は小さくなる。

海外事業展開におけるライセンシングとフランチャイジングのメリットは、資金や人材などの経営資源を大規模に投じる必要がないことである。一方でデメリットもある。ロイヤリティーが主な収益源となるため、海外直接投資による他の参入方法よりは収益は小さくなる。また、ライセンシーやフランチャイジーの熱意や経営力の欠如により、現地において事業の展開が進まないこともある。味千ラーメンは、これらの問題に向き合いながら、海外での事業の拡大を果たしてきた。

ライセンシングやフランチャイジングのさらなるデメリットとしては、ライセンシーやフランチャイジーは、潜在的な競争相手となることが挙げられる。契約期間が終了した後に、これらの企業は、それまでの学習を活かし自社ブランドで事業を新たに展開することが可能である。

Column 8 − 1

グローバルなフランチャイジングの3タイプ

グローバルなフランチャイジングには、3つのタイプが存在する（川端基夫『日本企業の国際フランチャイジング新評論、2010年）。

第1は、「ダイレクト・フランチャイジング」で、本部は本国に置いたまま、他の国の企業とフランチャイズ契約を結ぶという方法である。海外の店舗を本部が直接に管理・指導するダイレクト・フランチャイジングは、アメリカ合衆国とカナダのように国境を隣接する国々のあいだでは成り立つが、遠隔地での実施は難しい。

第2は「マスター・フランチャイジング」で、現地に本国の本部の代替機能をもつ現地本部を設立するという方法である。この現地本部に運営権を与えて、現地での出店と監督の業務を担当させる。さらに、現地パートナー企業と直接フランチャイズ契約を結ぶ「ストレート型」、現地パートナーと合弁企業を設立し、この合弁会社とフランチャイズ契約を結ぶ「合弁型」、そして100％出資により現地子会社を設立し、フランチャイズ契約を結ぶ「子会社型」がある。味千ラーメンは、中国では合弁型、シンガポールはストレート型と、複数のマスター・フランチャイジングの方法を使い分けている。

第3は「サブ・フランチャイジング」で、マスター・フランチャイジングの方法で参入した国や地域において、現地のパートナー企業や合弁企業が、さらに現地の加盟者を募り、フランチャイズ展開を行うという方法である。味千中国ホールディングスは、当初は直営店により事業を展開していたが、現在ではサブ・フランチャイジングによる出店も行っている。

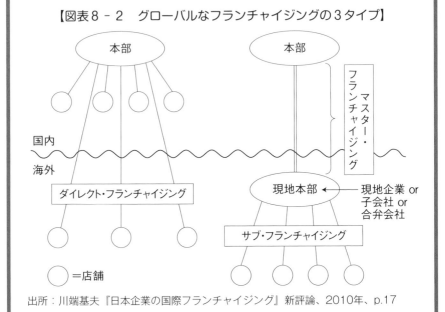

【図表8-2　グローバルなフランチャイジングの3タイプ】

出所：川端基夫『日本企業の国際フランチャイジング』新評論、2010年、p.17

イ）委託生産

委託生産とは、現地企業に製品の一部あるいは全体の生産を委託する方法である。完成した製品の販売については委託した側の企業が責任を負う。たとえばユニクロを展開するファーストリテイリングは、海外での大規模な委託生産を行っている。そのパートナーは中国、ベトナム、バングラデシュ、そしてインドネシアと、世界各地に広がっている。

委託生産のメリットは、設備投資や作業者の管理の負担やリスクが軽減することである。一方でデメリットもある。委託生産には、将来のライバルを育ててしまう危険性がある。つまり、委託生産先企業が将来的に、類似製品を安価にその企業のブランドで販売する可能性がある。また、品質の管理や維持、業務のコントロールを的確に行う必要がある。

❖ 海外直接投資による海外参入方法

　海外直接投資による参入には、完全所有子会社や合弁などの方法がある。海外直接投資は、グローバル・マーケティングのコントロールの度合いを高める。一方、この方法では、資金をはじめ、投入しなければならない経営資源が増える。時間や手間がかかり、相対的に事業リスクも大きくなる。この両面をにらみ合わせながら、企業は海外直接投資に踏みきるかを判断することになる。

①　完全所有子会社

　完全所有子会社とは、海外の現地での事業展開を100％自社所有で行う方法であり、具体的には新規開拓（グリーンフィールド投資）と、買収（M&A）という２つの方法がある。新規開拓は、現地での業務を１からすべて自社行うという方法だが、時間がかかる。そのために、現地の既存企業を買収する方法を通して参入する企業は少なくない。

　完全所有子会社には、次のメリットがある。第１に完全所有子会社で現地に参入する企業は、事業のコントロールの度合い高めることができる。第２に、パートナーに左右されず、利益のすべてを占有できる。第３に、進出先の国や地域へのコミットメントを強く示すことができる。

　完全所有子会社のデメリットは、損失があれば、すべてを自社で背負う必要がある点である。仲介企業のサポートを受けることなく、現地で活動するためには、投資しなければならない経営資源も多くなる。政治的なリスクも大きい。完全な外国資本であるため、進出先の国や地域との文化的、政治的な差異による反発が生じうる可能性もある。完全所有子会社による海外での事業展開では、こうした対立も自らマネジメントする必要がある。

②　合弁（ジョイント・ベンチャー）

　合弁とは、海外の現地での事業展開を、パートナーとの共同出資で新しい現地企業を設立して進める方法である。パートナーは進出先の国や地域の企業や政府である場合もあれば、本国や第三国の企業、あるいはそれらの複合体である場合もある。資本の持ち分により、多数派（50％を超える所有権）、半数（50％の所有権）、少数派（50％未満の所有権）に分けることができる。

> **Column 8 − 2**
>
> ### 海外M&Aの加速
>
> 　日本企業が積極的に海外企業の買収（M&A）を進めるようになっている。日本企業のM&A全体に占める海外比率は、2000年の20%強から2014年には50%以上にまで高まっている。2015年には日本企業による海外企業のM&Aは10兆円を超え、過去最高となった。この年の地域別のM&Aの金額を見ると、北米が最も多く、ヨーロッパ、アジアが続く（朝日新聞2015年11月19日朝刊）。
>
> 　M&Aは、海外事業を迅速に展開するうえで有用だが、買収後の業務や文化の融合に関する努力が不可欠な点には注意が必要である。また、買収時には想定できていなかった事態により、期待していたM&Aの効果を実現できないこともありうる。ソフトバンクは、2013年にアメリカ合衆国で通信事業第3位のスプリントを買収したが、想定通りに市場シェアを拡大ができずに苦戦している。LIXILは、2014年にドイツのグローエを買収したが、その傘下にある中国子会社ジョウユウが巨額の簿外債務を抱えていることを発見できなかったことから、2016年には600億円の巨大損失を計上することになった。これらの事例は、M&Aにとどまらず、海外企業の全容を把握することの難しさを物語る。

　合弁には次のメリットがある。第1に合弁で現地に参入する企業は、パートナーの経営資源を活用したり、リスクを共有したりすることができる。第2に、パートナーが現地の企業や政府の場合は、土地や原材料の確保、現地環境（文化、法律、政治）に関する知識、現地企業や政府との関係づくりなどの面でのサポートを受けることが期待できる。

　合弁のデメリットは、事業の完全なコントロールができないことである。また、パートナーとの信頼の欠如、意見や目的の対立、文化の違いなどにより、合弁事業にはトラブルが生じる可能性がある。相互に納得できる解決策を見いだせず、合弁事業の縮小や解消にいたるケースは少なくない。

4　おわりに

　近年のグローバル・マーケティングでは、フランチャイジングや合弁など、海外

の企業や事業者とパートナシップを組むかたちで海外展開を行うケースが増えている。その背景には、グローバル競争の激化がある。大企業だけでなく、中小企業も事業のグローバル展開に乗り出すようとするようになり、資源を節約し、リスクを抑えながら、よりスピーディーにグローバル展開する必要が高まっている。特に新興国への参入では、現地政府の保護主義による規制や、現地ネットワークへのアクセスの難しさなどから、現地企業の力を借りる必要が高まる。そのための対応の基本を最後に確認しておこう。

- パートナーの候補企業が、どのような能力や経営資源をもつか、相互にどのような貢献や役割分担ができるかを見極める。
- パートナーの候補企業とあいだで、相互に事業の目標や理念を共有できるかを見極める。
- パートナーの候補企業に関する情報については、現地を何度も訪問して確認する。

❓ 考えてみよう

1. あなたの好きな企業を1社取り上げ、その企業がどのような方法で海外市場に参入したかを考えてみよう。
2. 同じ産業でも、企業は異なる参入戦略をとることが多い。産業を1つ選び、その産業の代表企業の海外市場参入戦略を比較してみよう。
3. 各参入方法にはどのようなリスクがあるだろうか。そのリスクを回避するためにどのような施策があるかを考えてみよう。

次に読んでほしい本

川端基夫著『外食国際化のダイナミズム:新しい「越境のかたち」』新評論、2016年

重光克昭著『中国で一番成功している日本の外食チェーンは熊本の小さなラーメン屋だって知ってますか?』ダイヤモンド社、2010年

ナンシー・ハバード著、KPMG FAS、高橋由紀子訳『欧米・新興国・日本16ヵ国50社のグローバル市場参入戦略: M&A、提携・合弁、グリーンフィールド投資が成功する秘密』東洋経済新報社、2013年

第9章

グローバル製品戦略

1 はじめに
2 中国におけるダイキンの製品戦略
3 グローバル市場に向けた製品とサービスの展開
4 おわりに

1 はじめに

　企業活動のグローバル化とともに、製品やサービスにかかわる企業の意思決定は複雑化していく。グローバル企業は、世界のさまざまな国や地域の市場に向けて、製品やサービスを供給する。そこでは、どのような新製品や新サービスを、どのような市場に向けて開発し、どのようなタイミングで導入するべきか。そのためには、どのような組織の仕組みが必要となるのか。

　技術力に優れた日本の製造企業は、どのような製品戦略を世界で展開してきたのだろうか。本章では、ダイキン工業の中国市場の製品戦略の事例を通じて、この問題を考えていく。

2 中国におけるダイキンの製品戦略

❖「ぴちょんくん」世界に羽ばたく

　「ぴちょんくん」は、ダイキン工業株式会社の家庭用ルームエアコン「うるるとさらら」のマスコットキャラクターである。2000年以降、テレビCMなどに登場している。湿気の水玉を擬人化した、小動物のような愛らしい見た目で人気だ。日本以外の国の広告にも登場している。

　ダイキン工業は、大阪に本社を置く空調機・化学製品メーカーである。1924年に創業し、1951年にパッケージ型エアコンの生産を開始した。2010年には、世界1位の空調機メーカーとなる。

　ダイキン工業は、積極的な海外展開を進めており、2014年度には海外事業比率が70％を超え、国内28社、海外182社の連結子会社を含むグループに約6万人の従業員をかかえる（2015年3月31日時点）。

　ダイキン工業は、国や地域ごとに多様なデザインのエアコンを展開している。中国では、鮮やかな赤色のエアコンの売れ行きが好調である。ヨーロッパではメタリック調の外観が好まれている。外観だけではなく、機能的にも、エアコンは、気

第9章　グローバル製品戦略

【写真9-1　大阪・梅田のランドマーク「大ぴちょんくん」の看板】

(写真提供：ダイキン工業株式会社)

候や風土、文化などによって、国や地域のニーズが異なる。たとえば、アジアには、日本人にとっては寒いくらいに室内を冷やしたがる国もあれば、冷風が身体に直接当たることが好まれる国もある。さらに売れる価格帯も国や地域によってさまざまである。

　ダイキン工業は、国や地域に適応化したモノづくりを徹底する一方で、世界の先端を行く空調技術によって、現地の競合企業に対する優位性を確立している。

❖ 中国市場への参入

　中国は、ダイキン工業にとっての日本、アメリカ合衆国に次ぐ第3の市場である。2015年3月期のダイキン工業の中国での売上げは、3,533億円だった。

　ダイキン工業が、合弁会社「上海大金協昌空調有限公司」を設立し、中国へ進出したのは1995年のことだ。1997年には中国での業務用エアコンの販売を開始した。

　ダイキン工業が進出した当時の中国のエアコン市場は、すでに約300社のメーカーがひしめく、激しい競争の場だった。先行して中国市場に参入していた日系企業12社は、現地メーカーの安値に対抗できずに苦戦していた。

　後発だったダイキン工業は、この消耗戦には加わらない決断をし、中国市場への参入にあたっては、業務用エアコン市場を選択した。業務用エアコンは、床置き式から、壁掛け・天吊り式、天井埋め込み式、カセット式（吹き出し口と吸い込み口

が一体化した天井埋込み式)という順で進化してきた。しかし、当時の中国の業務用エアコン市場は、床置き式が95％以上を占めていた。そうした時期に、ダイキン工業は、世界最先端モデルのカセット式エアコンを中国市場に投入したのである。

中国の業務用エアコン市場でのダイキン工業の当初のターゲットは、コスト意識が弱く、最先端のものを好む、政府関係機関、とりわけ空調設備が欠かせない通信関係の部局、病院、学校などだった。ダイキン工業のエアコンは、品質と信頼性の高さが評価され、ターゲットとした市場でトップシェアを獲得した。続いてダイキン工業は、官公庁、ホテル、集合住宅などの市場へと販路を拡大していった。

こうしてブランド・イメージを構築したダイキン工業は、次は4,000元(5万2,000円)以上の高付加価値製品で、家庭用ルームエアコン市場に参入した。流通チャネルについては、「プロショップ」と呼ばれる販売特約店によって販売店網を整備し、多くの外資系メーカーのように、既存の現地卸を経由せず、直接エンドユーザーに販売する独自の販売ルートを構築した。販売特約店には、代金を回収して初めて施工する「前金制」を徹底させることで、売掛金をなくした。

2011年には、ダイキン工業の中国における販売特約店の数は、1万1,000店にまで拡大した。これらの販売特約店に対しては、毎年の契約更新時に、基準を満たしているかをチェックすることで、営業力、工事力、サービス力の質の維持に努めた。2005年には、特約店や内装担当者がエンドユーザーをともなって訪問できる、空調機では中国初の大規模ショールーム、「ソリューションプラザ上海」を開設し

【写真9-2 ダイキン工業の販売特約店「プロショップ」】

(写真提供:ダイキン工業株式会社)

た。

❖ 生産と開発の現地化へ向けた取り組み

　ダイキン工業は、参入した世界の国や地域において、日本と同じ最先端の機種を投入する一方で、大きな成長と需要が見込まれる国や地域の近くで生産を行う「市場最寄り化」の方針をとってきた。特に、増大する需要に対して迅速に対応する必要が高かった中国では、現地での生産が不可欠といえた。

　現地に生産拠点を構えることは、部品の現地調達率を高め、コスト競争における現地企業への対抗力を高める。加えて、現地の生産拠点は、国や地域ごとに異なる市場のニーズを察知し、それに合った製品を供給することや、需要に応じて生産し、品切れや過剰在庫を発生させないことにも貢献する。

　ダイキン工業は、中国の生産拠点でも、高品質の製品を生産できるように、モーターから圧縮機、冷媒、そして空調機器の最終組立までの一貫生産を実現している。ダイキン工業は2003年に、中国の清華大学と空調技術開発で提携し、清華-ダイキンR&Dセンターを清華大学内に設立、そして蘇州市に空調機の圧縮機生産拠点の大金機電設備（蘇州）有限公司を設立した。翌年には、松下電器産業（現パナソニック）との合弁で、同じく蘇州市に、空調機の圧縮機用モーターの製造と販売を行う大金電器機械（蘇州）有限公司を設立した。

　さらに、ダイキン工業は2008年には、中国における空調最大手の珠海格力電器と、日本向けの小型インバータ・エアコンの一部の生産委託と、世界市場向けの安価なインバータ・ルームエアコンのベースモデルの共同開発を目的に、生産合弁会社の設立に合意した。インバータは、日本のメーカー各社が得意とする省エネ技術である。しかしそこには、提携によって、格力電器の低コストの生産ノウハウを活かしたコスト競争力の向上が期待できる一方で、ダイキン工業のコア技術の1つであるインバータ技術の流出につながりかねないとの懸念もあった。

　そのなかでダイキン工業が、格力電器との提携に踏みきった背景には、コア技術をオープン化することでパートナーを増やし、インバータを空調技術の国際標準とすることで、グローバル競争を有利に運びたいとの戦略的な意図があった。当時、世界のエアコン市場では、ノンインバータ機が圧倒的に多く、さまざまな空調の省エネ技術があるなかで、どれが世界標準になるかは定かではなかった。そこでダイキン工業は、ルームエアコンの生産量が世界一の中国で、トップシェアの格力電器

第3部　グローバル市場の攻略

> **Column 9－1**
>
> ## 技術の国際標準化
>
> 　世界的な技術標準には、市場での競争によって獲得される「デファクト・スタンダード」と、公的機関などによって定められる「デジュール・スタンダード」の２種類がある。ダイキン工業が2008年に、中国の空調最大手の珠海格力電器との提携を行ったのは、パートナーを増やすことで、インバータ技術を世界の空調技術のデファクト・スタンダードとする流れをつくる意図があった。
>
> 　他方でデジュール・スタンダードとは、国際標準化機構（ISO）などの国際機関が基準を定めることによる標準化である。ダイキン工業では、デジュール・スタンダードに関しても、戦略的にその決定プロセスへの参加に努めてきた。
>
> 　たとえば近年は、地球温暖化抑制の観点から、次世代冷媒を選定するという、デジュール・スタンダードの新たな制定が進められようとしている。冷媒とは、空調機の内部で、液状やガス状に形態を変えながら、循環して熱を運ぶ物質である。
>
> 　ダイキン工業では、空調機と冷媒の製造の両方を手掛ける世界で唯一のメーカーとして、さまざまな観点から検討や評価を重ね、「HFC32」という新冷媒が、ルームエアコンなどには最も適していると判断した。その評価理由については、環境問題や空調関連の国際的な会議に出向き、さまざまなデータを示しながら説明を行っている。さらに日頃から、各国の政府関係者やキーパーソンとの交流を深めておく、ロビー活動も重視している。ダイキン工業では、関連する産官学の専門家などを招いて、最先端の技術や知識を発信・共有することを目的に、1995年から「ダイキン空調懇話会」という会合を、毎年春と秋に東京と大阪で開催している。

と提携し、インバータを一気に空調の省エネ技術の世界標準にしようと考えたのである。

　格力電器のノウハウによるコスト低減の効果もあり、提携前には7％程度だった中国市場でのインバータ比率（ルームエアコンの出荷ベース推定）は、2012年には約60％にまで上昇し、その後も拡大を続けている。

3 グローバル市場に向けた製品とサービスの展開

❖ 製品やサービスの標準化とその限界

　グローバルな製品やサービスをどのように展開するかについては、大きく3つの戦略がある。第1は企業が、自国で育成した製品やサービスを、そのまま海外市場に「拡張」させる戦略である。第2は、海外の顧客のニーズに合わせて、製品やサービスを現地市場に「適応」させる戦略である。第3は、グローバル市場のための新たな製品やサービスを1から開発する「革新」に挑む戦略である。「拡張」と「適応」は、製品・サービスの政策と、それ以外のマーケティング・ミックスの政策で同時に行う場合もあれば（2重拡張、あるいは2重適応）、いずれか一方を拡張し、他方を現地適応させる場合もある。この組み合わせは、図表9-1のような5つのパターンに整理することができる。

　グローバル企業は、世界のさまざまな国や地域に供給する製品やサービスの標準化をどこまで進めるか、という問題に直面する。製品やサービスの標準化とは、複数の国や地域に同一の製品やサービスを提供することである。顧客ニーズのグローバルな共通性をとらえて、標準化された製品やサービスを大量供給することで、企

【図表9-1　グローバル・マーケティングにおける拡張と適応】

	製品・サービス政策	他のマーケティング・ミックス政策
① 製品・サービスとマーケティング・ミックスの2重拡張	拡　張	拡　張
② 製品・サービスの拡張とマーケティング・ミックスの現地適応	拡　張	適　応
③ 製品・サービスの現地適応とマーケティング・ミックスの拡張	適　応	拡　張
④ 製品・サービスとマーケティング・ミックスの2重適応	適　応	適　応
⑤ グローバルなマーケティング革新	革　新	革　新

（小田部正明、K. ヘルセン『国際マーケティング』碩学舎、2010年、p.366をもとに筆者作成）

業は規模の経済やスピードの経済（Column 9−2参照）を享受できるようになる。とはいえ、標準化を進める場合でも、国や地域ごとに異なる規制や市場状況に合わせた、細かな仕様変更は欠かせない。

一方で、顧客のニーズが、国や地域によって大きく異なる場合には、企業は現地のニーズに合わせた製品やサービスを個々に開発し、供給しなければならない。たとえばエアコンは、気候や風土、文化などによって、ニーズが異なる製品である。そこでダイキン工業は、「市場最寄り化」の方針をとってきた。しかし、製品やサービスの現地適応化には、標準化がもたらす規模の経済やスピードの経済を享受できなくなってしまうデメリットがある点には注意が必要である。

❖ モジュラー方式と共通プラットフォーム方式

それでは企業が、製品やサービスの政策において、標準化がもたらす利点を享受しつつ、同時に、国や地域によって異なるニーズに適応化する方法はないのだろうか。そこには、基本的に2つの対応の方式がある。

第1は、モジュラー方式である。モジュラー方式は、世界中のどの国や地域でも使用可能な一連の標準パーツを開発し、これらの標準パーツを組み合わせることで、多様な現地ニーズに合わせた製品やサービスを生み出すことができるようにする方法である。パーツ自体は標準化されているため、それを特定の場所で開発・生産することで、規模の経済とスピードの経済を生み出すことが可能になる。

第2は、共通プラットフォーム方式である。共通プラットフォーム方式は、グローバルに共通のプラットフォームを採用し、現地のニーズに合わせる際には、プラットフォームに付属品を付加するという方法である。この方式では、標準化されたプラットフォームの開発・生産で、規模の経済とスピードの経済を享受できると同時に、現地で容易に製品に変更を加えられる柔軟性が確保される。

ダイキン工業の製品施策は、共通プラットフォーム方式にもとづいている。ダイキン工業は、日本国内の工場を、グローバル製品のベースとなる圧縮機などのプラットフォーム技術の開発責任を担うマザー工場と位置づけている。一方で、世界の複数の国や地域の開発拠点では、こうしたプラットフォーム技術をベースに、現地のニーズに合わせた製品の開発を行っている。

> **Column 9 − 2**
>
> ## 事業の収益原理
>
> 製品政策だけではなく、マーケティングのさまざまな活動を展開する際には、基本的な収益原理を理解しておくと有用である。事業の収益性を高めるためには、広く知られた5つの基本的な原理がある(加護野忠男・井上達彦著『事業システム戦略』有斐閣、2004年)。
> ① 規模の経済:事業において、製品やサービスの産出量が増えるごとに、単位当たりの平均費用が低下する、という原理である。
> ② 範囲の経済:事業の数を増やして、共通コストを分散させることで、独立して事業を営む場合よりも共通コストの負担が軽くなる、という原理である。
> ③ スピードの経済:情報獲得や製品開発、そして市場導入や商品回転などのスピードを上げることが、事業の有効性や効率性を高める、という原理である。
> ④ 集中化の経済:自社の活動をひとつの事業分野、あるいはひとつの業務活動に絞り込むことで、独自能力の構築が進む、という原理である。
> ⑤ 外部化の経済:コア以外の業務活動は、外部の専門企業に委託することで、業務活動を高度化しつつ、コスト削減を実現するとともに、柔軟な展開を可能にする、という原理である。

❖ 新たな製品やサービスの導入のタイミング

グローバルに新たな製品やサービスを展開する際には、複数の国や地域への導入のタイミングも重要な問題となる。ターゲット市場への新しい製品やサービスの導入のタイミングには、大きく分けて、段階的に導入する「ウォーターフォール・モデル」と、世界中に同時に導入する「スプリンクラー・モデル」の2つの方式がある。

「ウォーターフォール・モデル」は、まず企業の母国市場で新製品や新サービスを発売し、順を追って段階的に複数の国や地域へと市場を拡大していく方法である。企業が製品やサービスの現地適応化を重視している場合には、グローバルな展開に時間がかかることを見越して、ウォーターフォール・モデルが採用される傾向が強まる。また、ウォーターフォール・モデルは、段階的にグローバル展開を進める方

第3部　グローバル市場の攻略

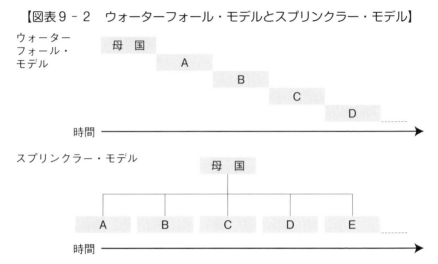

【図表9-2　ウォーターフォール・モデルとスプリンクラー・モデル】

出典：小田部正明、K. ヘルセン『国際マーケティング』碩学舎、2010年、p.395

法であり、より少ない経営資源で対応できるというメリットがある。そのため、場合によっては標準化を志向する製品やサービスでも、ウォーターフォール・モデルが採用されるケースがある。

しかし、このように時間をかけたグローバル展開は、顧客ニーズへの対応の迅速性を欠き、展開が遅れる国や地域では、競合他社に先を越されてしまうおそれがある。したがって、現地企業との競争が激化している場合や、グローバル市場の変化が激しい場合には、短期間に世界中に同時展開する「スプリンクラー・モデル」が有効となる。日本で開発された最先端技術を一気に中国市場に導入したダイキン工業の製品導入は、スプリンクラー・モデルの一例である。

❖ 技術知識・市場知識のマネジメント

グローバルに通用する革新的な製品やサービスを生み出すには、国や地域の顧客のニーズについての「市場知識」と、これらの顧客に提供するソリューションに関する「技術知識」の2つを組み合わせる必要がある。

市場知識は、それぞれの国や地域の顧客の使用場面で生み出されるのに対して、技術知識は、市場から遠く離れた開発や製造の拠点で生み出される。この両者を組み合わせるには、それぞれの知識が生み出された場所とは地理的に異なる場所へと

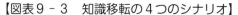

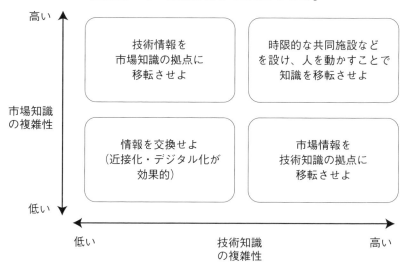

出典：小田部正明、K. ヘルセン『国際マーケティング』碩学舎、2010年、p.399

知識を移転する必要がある。

　企業のマーケティングの射程がグローバルになっていくに従って、こうした知識移転をますます広範囲に展開することが必要になっていく。とはいえ、現地文化に根ざすことではじめて理解可能になるニーズや、簡単にはマニュアル化できない技能の価値観のような暗黙知など、知識のタイプによっては、容易に移転できないものもある。そこで、グローバルな自社内の知識移転については、こうした知識の複雑性を認識した上で、図表9-3のように、知識を可動化する4つのシナリオを描き、そのもとでの展開を検討する必要がある。ダイキン工業では、図9-3の左上のシナリオ、すなわち技術情報を、市場に近い生産・開発拠点へと移転することで対応しようとしている。

4　おわりに

　世界のさまざまな国や地域に製品やサービスを供給する企業は、標準化をどこまで進めるかという問題に直面する。気候や風土、文化などの異なる国や地域では、製品やサービスへのニーズも異なる。グローバルな製品やサービスの収益を高める

には、現地のニーズに応える必要がある一方で、標準化による規模の経済やスピードの経済などの利点も追求する必要がある。

グローバルに流通する製品やサービスにおいて、標準化の利点を享受しつつ、同時に現地適応化を行う方法として、モジュラー方式や共通プラットフォーム方式がある。いずれの方法でも、標準の部品やプラットフォームに組み合わせの柔軟性をもたせることが重要となる。

さらに、複数の国や地域でマーケティングを展開する際には、新しい製品やサービスをどのような順序で、異なる国や地域に導入していくのか、そしてグローバルに獲得した自社内の市場知識や技術知識をどのように移転し、組織内で共有化していくのかという課題にも、企業は対峙しなければならない。本章では、ウォーターフォール・モデルとスプリンクラー・モデル、そして知識移転の4つのシナリオを取り上げ、どのような状況のもとで、それぞれのモデルやシナリオが適切となるかを検討した。

❓ 考えてみよう

1. 各国の拠点間で、知識移転を活性化するためには、どのようなメカニズムやコミュニケーション・チャネルを利用することができるだろうか。具体的な企業の実践を調べてみよう。
2. グローバルな製品開発プロセスにおいて、どのようなマーケティングリサーチの手法を用いることができるか、考えてみよう。
3. 製品がある国の顧客に供給されるまでのプロセスには、どのような現地のステークホルダーが関わっているのだろうか。身近な例で考えてみよう。

次に読んで欲しい本

井上礼之著『人の力を信じて世界へ：私の履歴書』日本経済新聞社、2011年

高橋基人著『中国人にエアコンを売れ！』草思社、2005年

藤本隆宏、武石彰、青島矢一 編著『ビジネス・アーキテクチャ：製品・組織・プロセスの戦略的設計』有斐閣、2001年

第10章
グローバル・ブランド戦略

1 はじめに
2 グローバル・ブランドへと歩むレクサス
3 グローバル・ブランドの活用方法
4 商標権・著作権の侵害への対応
5 おわりに

1 はじめに

　新興国の人々の所得は年々上昇し、世界中で海外に出かける旅行者は増加している。国際放送やインターネットのような国境を越えるコミュニケーション手段も急速に発展している。グローバルな交流は、人々の嗜好や関心を同質的な方向に向かわせていく。

　世界の同質化は、企業が、ひとつのブランドで事業をグローバル展開する動きを後押しする。一方で世界には、国や地域に根づいた文化や習慣、伝統があり、その影響は依然として衰えていない。

　グローバルに統一されたブランドでマーケティングを進めるのがよいか、国や地域によって異なったブランドを使うのがよいか。企業が自社の製品やサービスを、グローバルに展開していくときに、このグローバル・ブランディングをめぐる問題を避けては通ることはできない。本章では、グローバル・ブランディングに戦略的に挑むための考え方を紹介していく。

2 グローバル・ブランドへと歩むレクサス

❖ レクサス誕生の背景

　レクサスは、1989年にトヨタ自動車株式会社が、アメリカ合衆国で立ち上げたブランドである。80年代前半は、日米の貿易摩擦に対処するための自主規制により、日本からアメリカ合衆国への輸出台数には制約があった。そのなかでトヨタ自動車が収益を拡大するには、1台当たりの価格を引き上げていく必要があった。

　当時のトヨタ自動車は、アメリカ合衆国では、自主規制の対象外であるトラックの増販策をとっていた。そのため、アメリカでのトヨタ自動車は、カローラとトラックの会社であり、そのイメージは「安くて壊れない大衆車」だった。トヨタのブランドの全体的なステイタスは低く、高級車を求める消費者の想起集合のなかにメルセデス・ベンツ、BMW、アウディはあっても、トヨタはなかった。

第10章　グローバル・ブランド戦略

【写真10-1　レクサスフラッグシップセダンLS600】

(写真提供：トヨタ自動車株式会社)

❖ ゼロからの新ブランド構築

　レクサスは、トヨタ車との差別化ではじまったブランドである。

　トヨタ自動車は、1983年にマルFという世界最高のクルマを開発するチームをつくり、高い開発目標を設定していた。当時のメルセデス・ベンツやBMWと比較しても、数値的に負けない厳しい基準が設定され、10億ドルの開発費が投入された。

　85年には、この開発中の新車のマーケティングを考えるチームができた。当初はトヨタのフラッグシップ・カーにする考えもあったが、トヨタ・ブランドのイメージは低く、ゼロから新しいブランドを構築することになった。ドイツ語で贅沢、一流の意味をもつLuxusを造語した「Lexus（レクサス）」をブランドネームとし、あえてトヨタの名前を外すことで、特別なイメージをつくりあげることにした。販売店は、従来とは別の販売網を新設することにし、全米各地で最も評判のいいディーラーを獲得し、100店に厳選した。

　完成したのは、排気量4.0ℓのラグジュアリーカーセダンである。技術の結晶ともいえるこの車は、「レクサスLS400」と名付けられた。

　89年にレクサスLS400を発表して以降、レクサスは人気を集め、全米の高級車カテゴリーのトップブランドの一角に食い込んでいく。続いて、レクサスのヨーロッパでの販売がはじまり、シンガポール、サウジアラビアといった、アメリカと

◆ 第3部　グローバル市場の攻略

の関係が強い国での販売もはじまる。しかし、イギリスでは売れたものの、ヨーロッパでの販売は低迷した。

　レクサスは、メイド・イン・ジャパンをうたい文句にしたブランドだったが、当時のトヨタでは、レクサスはアメリカのブランドという意識があり、日本国内市場にレクサス・ブランドは存在しなかった。日本市場では、「クラウン」をトップにしたトヨタ・ブランドの体系のなかに組み込んだほうがよいとの考えのもと、レクサスLSは「セルシオ」、レクサスGSは「アリスト」、レクサスRXは「ハリアー」というブランドで販売されていた。

◆ 日本での展開

　レクサス・ブランドの日本への導入は、全米市場への導入から16年を経た2005年である。契機となったのは、日本における輸入車販売の増加だった。国内高級車市場では、メルセデス・ベンツやＢＭＷなどの輸入高級車のシェアが伸び、日本車のシェアは95年から05年までの間に3分の1ほどに縮小した。

　トヨタ自動車には、この輸入高級車への販売の流出をくい止めたいとの考えがあった。さらにいえば、高級車ブランドが、ローカル・ブランドのまま生き残ることは難しいとの判断もあった。

　チャネル政策を見直し、日本市場にレクサスを導入した05年に、トヨタ自動車は、中国にもレクサス店を導入する。それまでも日本からアジアにレクサスの輸出を行ってはいたが、わずかな台数であり、レクサス店を立ち上げるまでには至らなかった。日本市場への導入以降、レクサスを求める声がアジアでも増え、ベトナム、インドネシア、フィリピンにレクサス店を展開し、グローバルに販売網を拡大していく。

　2015年のレクサスの販売台数は、北米が36万8,000台、香港を含む中国で8万8,500台、ロシアを含むヨーロッパで6万4,000台、日本では4万8,000台、中近東4万4,400台、東アジア・オセアニア3万台と、グローバルでのトータルの販売台数は約65万2,000台となり、4年連続して前年実績を上回る。この販売台数は、高級車ブランドとしては、ＢＭＷ、メルセデス・ベンツ、そしてアウディに次ぐ世界第4位である。

第10章　グローバル・ブランド戦略

❖ グローバル・ブランドとしての課題

　トヨタ自動車はエンジニアリングの会社であり、製品の高い性能や品質で、販売台数を伸ばしてきた。数値の客観的な目標を設定して達成することは得意だが、数値化できない領域で価値をつくり出す発想に乏しい会社、と評される。

　1代目のレクサスLS400では、トヨタ自動車は、技術をストレートにぶつけて理想の車をつくった。しかし、車を構成する技術や品質を高めていく路線の開発では、何か、まとまり切らないものがあった。社長の豊田章男氏は、「他のヨーロッパの高級ブランドにあって、レクサスにないものは、歴史とストーリーだ」と発言している（『日経ビジネス』1721号、2013年12月23日）。

　数値化できない領域にレクサスの意味と価値があると考えたトヨタ自動車は、グローバル・ブランドとしての深化をめざして、レクサスを立ち上げて14年目の2003年に、「レクサスとは何か」をゼロベースでブランドから考え直す活動をはじめる。2012年にはトヨタ自動車は、レクサス部門の独立性を高めるため、これまで社内の各部門にあったレクサス関連部署をレクサス・インターナショナルとして切り離し、あたかも社内のバーチャル企業のような立場とする。

　このレクサス・インターナショナルは、愛知県のトヨタ自動車の本社内に置かれている。ここでは、どのような製品をどのような品質とコストでつくるのかを検討し、技術力をベースとした製品やデザインの開発を行っている。だがこれとは別に、コミュニケーションをベースにレクサスのブランディングをになう「レクサスブランドマネジメント部」が、東京本社にある。他のトヨタのブランドについては、このようなグローバルなブランディングを行う部門はない。

　レクサスブランドマネジメント部の主要な活動は以下である。①グローバルなレクサスのブランド・フィロソフィーを明文化していく。レクサスの訴えるべきことを明確にし、グローバルにしっかりと伝えるグローバル・ブランディングを行う。②日本市場を対象に、グローバル・ブランディングの方針に沿って、日本の顧客に合致したコミュニケーション施策を実施する。③記者対応をはじめとする、広報活動を行う。なお、各国のコミュニケーションについては、ブランドマネジメント部のグローバル政策のもと世界各国のレクサス部門が同様の役割をになう。

　トヨタ自動車、そしてトヨタというブランドは、ローカルな取り組みに足場を置いてきた。エンジニアリングの会社としてのトヨタの文化は、「すべてを拾いまく

❖ 第3部　グローバル市場の攻略

【図表10 - 1　レクサスの組織図】

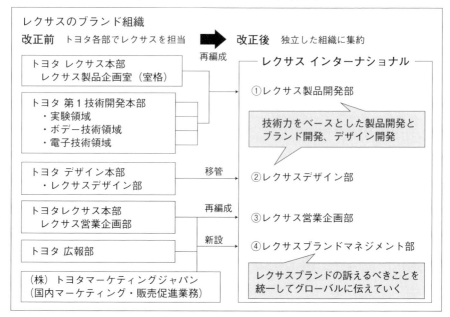

(トヨタ自動車株式会社資料をもとに筆者作成)

る文化」だといわれる。すなわち、現場に行って話を聞き、製品やサービス、さらにはオペレーションのバグをつぶし、すべての顧客を拾おうとし、さまざまなブランドでさまざまなクルマを開発してきた。これを徹底していけば、たしかに事業の死角はなくなる。

　しかし、このアプローチをグローバルに推し進めていくと、ブランドとして語るべきことは分散化し、何を語るべきかの焦点は定めにくくなっていく。レクサスというブランドがかかえている課題は、ここにある。

　この「すべてを拾おうとすると、語るべきことが分散化していく」という問題は、ブランドのグローバル化とともに顕在化する。ブランドがローカルな存在にとどまっているあいだは、語るべきことが多少分散化したところで、それはグローバルに見れば、ユニークな個性の範囲におさまる。しかし、グローバル・ブランドとなれば、こうしたローカリティを越えて「統一的に語りかけていくもの」が必要だ。このグローバル・ブランドとしての課題に、レクサスは挑もうとしている。

3 グローバル・ブランドの活用方法

❖ ブランドとは何か

　ブランドとは、製品やサービスにつけられた名前やマークのことである。より詳細にはネーム、カラー、マーク、スローガン、ジングル（短い音楽）、製品デザイン、パッケージングなどがブランドを構成する要素となる。これらのブランド要素からブランドのイメージが形成される。

　さらに、こうした製品やサービスの名前やマークから、品質感や原産国、知名度、製品のカテゴリーなどのさまざまな連想が形成される。人々はそこからも、何らかのイメージを想起してしまう。たとえば「メルセデス・ベンツ」という名前（ネーム）を聞けば、押し出しの強いフロントグリル、重厚でステイタスの高い高級車が思い浮かぶ。「トヨタ」であれば、車自体のイメージよりも、安心で確実、品質のよさが思い浮かぶ。この名前やマークの認知、そしてそこから生じる連想が、マーケティングにおけるブランドの価値の源泉となる。

　ブランドには、世界中で同一の名前やマークを用いて販売を行うものがある。これをグローバル・ブランドという。しかし、特定の国や地域に限定して名前やマークを流通させているブランドもある。これをローカル・ブランドという。

❖ グローバル・ブランドの利点と欠点

　グローバル・ブランドには、どのような利点があるのだろうか。
　第1は、信頼感の向上である。今日では、消費者のITを使ったコミュニケーション能力は向上し、国境を越えた移動も活発化している。消費者が実際に各国の市場を体験する機会が増えている。そのようななかで、同じブランドを世界中で見かけることは、幅広く世界の消費者に受け入れられているという強い信頼感につながる。
　第2は、グローバル神話の活用である。ブランドがグローバルに流通していることは、ローカル・ブランドよりも何かより大きなものに帰属する存在との感覚をグローバル・ブランドに付与する。

【図表10‐2　ブランド連想とブランド展開】

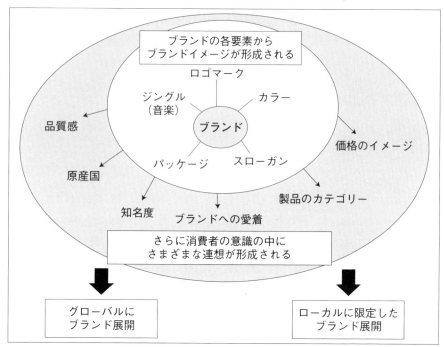

(筆者作成)

　第3は、マーケティング活動の効率化である。国を越えてブランドが統一されると、パッケージング、広告、プロモーション、その他のマーケティングコミュニケーション活動については、基本的には同一のものを世界中で使用できる。このことは全体としてのマーケティング・コストの節約につながる。グローバル・ブランドの構築には、プロモーションをはじめとする多額の費用が必要なことを考えると、この効率化の企業戦略上の意義は大きい。

　一方で、グローバル・ブランドには欠点もある。国や地域が異なれば、文化も異なるし、買い手の購買行動も異なる。ブランドへの文化的な受容性の違いをはじめ、マーケティング活動に対する消費者の意見や態度も異なってくる。プロモーションに対する反応、流通慣行、メディアの利用可能性、あるいは競合ブランドなども、国や地域によって異なる。グローバルに標準化されたブランディングを進めようとすると、これらの違いへの対応が困難となることには注意が必要である。

　以上のようなグローバル・ブランドの利点と欠点を考慮しながら、自社の製品や

Column10-1

ブランド資産

　ブランドは、企業が存続していくための継続的な価値を生み出す戦略的資産となる。ブランド資産とは、このような関係をとらえた概念である。

　消費者がブランドに触れるたびに、そのブランドについての経験が重ねられていく。つまり、さまざまなマーケティング活動は、消費者の経験を通じて、ブランドと結びついたかたちで消費者の心のなかに蓄積していく。D.アーカーは、ブランド資産を「ブランド名やシンボルと結びついたブランド資産／負債の集合」であり、「製品のサービスの価値を増減させるもの」だと述べている（『ブランド・エクイティ戦略』ダイヤモンド社、1994）。

　どのようにしてブランド資産の価値は生じるのか、ブランド資産は、①ブランドロイヤルティ、②ブランド認知、③知覚品質、④ブランド連想、⑤その他の所有権のあるブランド資産（特許、商標、チャネルの関係など）の5つの構成要素に分けてとらえることができる。

　ロンドンに本部をもつインターブランド社は、ブランドは戦略的価値をもつ経営資産であるという考えをもとに、グローバルに事業展開を行うブランドの資産価値を推計し、そのランキングを毎年発表している。図表10-3はその2015年のランキングであるが、1位がアップル、2位がグーグル、さらにはアマゾンがトップ10に入るなど、近年はインターネット通信関連のブランド価値の躍進が顕著である。

　アパレル産業のブランドは、他のランキングされている企業と比べると、企業規模は大きくないのに比してブランド価値が高い。自動車産業では、トヨタ、BMW、メルセデス・ベンツ、ホンダが上位に入る。

【図表10-3　インターブランド ベスト グローバル ブランド】

2015ランク	ブランド	ブランド価値 （US百万ドル）
1	Apple	170,276
2	Google	120,314
3	Coca-Cola	78,423
4	Microsoft	67,670
5	IBM	65,095
6	Toyota	49,048
7	Samsung	45,297
8	GE	42,267
9	McDonald's	39,809

第3部　グローバル市場の攻略

10	Amazon	37,948
11	BMW	37,212
12	Mercedes-Benz	36,711
13	Disney	36,514
14	Intel	35,415
15	Cisco	29,854
16	Oracle	27,283
17	Nike	23,070
18	HP	23,056
19	Honda	22,975
20	Louis Vuitton	22,250

2015年10月インターブランドジャパン報道資料をもとに筆者作成

　サービスを世界中に流通させている企業は、グローバル・ブランドか、ローカル・ブランドかの選択を行うことになる。トヨタ自動車は、クルマは各国の道路事情や人々の文化や生活に合わせた移動手段であるとして、現地の顧客層の嗜好に合わせたさまざまなローカル・ブランドを採用していたが、高級車を求める顧客層となれば、国は違えどもクルマに求めるものは似通ってくる。トヨタ自動車はレクサスという統一したグローバル・ブランドで対応した。

　異なる国や地域でも、製品やサービスのターゲットとなる市場セグメントのライフスタイルが似通っている場合には、グローバル・ブランドの利点を活用しやすくなる。逆に、異なる国や地域において、製品やサービスのターゲットとなる市場セグメントのライフスタイルの違いが大きい場合には、ローカル・ブランドの利点が増す。

【図表10-4　グローバル・ブランドvsローカル・ブランド】

（筆者作成）

4 商標権・著作権の侵害への対応

　グローバル・ブランドの展開において企業が必ず直面する問題に、偽造品問題がある。偽造品とは、他の企業が、勝手に自社のブランドを用いて販売する、自社の製品やサービスと類似した製品やサービスのことである。

　OECDは、2016年の偽造品の取引は世界の貿易額の2.5％にあたる5,000億ドルに迫ると発表している。これはオーストリアのGDPに匹敵する規模である。

　世界でもっとも偽造されているブランドは、ルイ・ヴィトンである。ルイ・ヴィトンを世界に展開する企業のモエ・ヘネシー・ルイ・ヴィトン（LVMH）は、偽造品の取締りに、毎年多額の予算をかけて、その撲滅に取り組んでいる。

　偽造品の撲滅のために、思い切ったパフォーマンスを行うブランドもある。カルティエは、ニューヨークの高級ショッピング・ストリートの5番街で、カルティエの偽造時計を路上に並べて、ローラーで踏みつぶすパフォーマンスを行っている。

　レクサスにおいても、スイスの高級ブランドのバリーに対して、バリーの靴のモデル・ネームのひとつにレクサスのネームがあったとして訴えている。バリーはシーズン半ばにして世界市場からそのモデルを回収した。

　これは偶発的に起こってしまったケースであるが、ブランドを守るその姿勢は重要である。概してブランドを模倣した偽造品は品質が悪く、ブランドの名声に与えるダメージは大きい。偽造品の放置は、ブランドの価値を希釈化してしまう。グローバル・ブランドのマネジメントにおいては、ブランドのネーム、カラー、マーク、キャラクター、ジングル、製品デザイン、パッケージングなど、ブランド要素の保護をグローバルに行うことが必要である。

5 おわりに

　グローバルに事業を展開する企業には、グローバル・ブランドか、ローカル・ブランドかという選択肢がある。異なる国や地域でも、ターゲットとする市場セグメントのライフスタイルが似通っている場合には、グローバル・ブランドが適しているが、異なる国や地域において、ターゲットとする市場セグメントのライフスタイ

> ### Column10-2
>
> ### 原産国効果
>
> 　一般に世界の消費者は、輸入ブランドよりも、自国ブランドを選ぶ傾向がある。たとえば自動車の場合、売上1位は日本ではトヨタ、イタリアではフィアット、ドイツではフォルクスワーゲン、フランスではルノーである。
>
> 　しかし、特定の国や地域のイメージが、製品やサービスの優れた性能や品質のイメージにつながることがある。こうした特定の国や地域のイメージの効果を、原産国効果という。たとえばアメリカ合衆国のIT、フランスのワイン、ドイツの自動車、イタリアのデザインなどである。こうした原産国効果がある場合には、グローバル・ブランドにおいても、特定の国や地域を連想させるイメージを構築していくことが、有効となる。
>
> 　日本という国には精緻な品質、優れた設計、先端技術のイメージとの強い結びつきがある。レクサスは日本にこだわり、メイド・イン・ジャパンから生じるポジティブなイメージを生かしてブランディングを行っている。

ルの違いが大きい場合には、ローカル・ブランドの利点が増す。

　レクサス・ブランドのグローバル・ブランド化についても、時代の流れのなかで、高級車ブランドのカテゴリにおけるグローバル・ブランドの利点が増していることを踏まえて、トヨタ自動車はその判断を行っていたと考えられる。

❓ 考えてみよう

1. グローバル・ブランドとして展開したほうがいい製品やサービスはどのようなものがあるだろうか、逆に、グローバル・ブランドに不向きなものはどのようなものだろうか。
2. よく知られているグローバル・ブランドが、製品を広げようとするときに、気をつけなければならないことは何だろうか。
3. 有名であったグローバル・ブランドが没落したり、市場から姿を消してしまう要因は何であろうか。また、一度、地位を失ったグローバル・ブランドが、再び市場で脚光を浴びることなどできるのだろうか。できるとすれば、それはどのようにすればいいのだろうか。

第10章　グローバル・ブランド戦略

次に読んでほしい本

ケビン・L・ケラー著、恩藏直人監訳『戦略的ブランド・マネジメント（第3版）』東急エージェンシー、2010年

青木幸弘、恩藏直人編『製品・ブランド戦略：現代のマーケティング戦略』有斐閣アルマ、2004年

デービッド・A・アーカー著、陶山計介、中田善啓、尾崎久仁博、小林哲訳『ブランド・エクイティ戦略：競争優位をつくりだす名前、シンボル、スローガン』ダイヤモンド社、1994年

第11章

グローバル価格戦略

1　はじめに
2　スターバックスのラテの値段は？
3　価格設定の天井と床
4　価格設定の諸要因
5　おわりに

❖ 第3部　グローバル市場の攻略

1 はじめに

　マクドナルドのハンバーガーをパクつき、コカ・コーラを飲む。H&Mのジャケットを着て、アディダスを履いて街に出かける。日本国内でわれわれは日常的に数多くの海外ブランドを日々利用している。グローバル時代のなかで、われわれは、海外でも日本でも、同じブランドの製品やサービスを、手軽に入手できる。

　では、これらの製品やサービスの価格は、海外でも日本でも同じだろうか。海外を旅行すると気づくのは、グローバルに流通する製品やサービスの価格は、国や地域によって異なるということだ。

　「このブランドを、こんなに安く買えるのか」

　「同じブランドなのに、ずいぶん高いな」

　海外を旅行して、このような経験をしたという人は少なくないはずだ。

　なぜ、このようなことが起こるのか。グローバルに流通する製品やサービスの価格は、どのような枠組みのもとで決定されるのだろうか。本章では、この問題を考えていく。

2 スターバックスのラテの値段は？

　1996年8月、暑い夏の日に、スターバックスは日本での第1号店となる店舗を東京の銀座松屋通りにオープンした。スターバックスは、スペシャリティ・コーヒー・ショップのパイオニアである。ドリップコーヒーの価格は、250円（ショートサイズ）。当時のセルフサービス式カフェとしては、競合するドトールより高めの価格設定だった（青木幸広編『ケースに学ぶマーケティング』有斐閣、2015年）。

　この日は早朝からスターバックスの開店を待つ行列ができ、この開店の様子は、取材に訪れたCNNのカメラを通じて、世界に報道された（中田華寿子『10万人に愛されるブランドを作る！』東洋経済新報社、2012年）。これは、スターバックスにとっては、北米以外に出店する最初の店舗であり、この日は、スターバックスがグローバル企業としての新たなステージへの一歩を踏み出した日でもあった。続いてスターバックスは同年に、シンガポールにも出店する。

第11章　グローバル価格戦略

【写真11-1　スターバックス・コーヒー】

(写真提供：アマナ)

　スターバックスは、1971年にシアトルに1号店を開店して以来、25年にわたって北米（アメリカ合衆国とカナダ）に限定して店舗網の拡大を続けてきた。1995年の時点でスターバックスは600を超える店舗を擁していたが、これらの店舗はすべて北米にあった。

　1996年の東京への出店は、スターバックスの国際展開における新しい展開の幕開けだった。これ以降のスターバックスは、まずは東アジアとオセアニア、続いて中近東、そしてヨーロッパと、出店する国や地域を拡大していった。現在ではスターバックスは、世界の70ヵ国で2万4,000を超える店舗を展開している（2016年7月11日現在）。

　スターバックスの特徴的な人気商品は、高品質のアラビカ種コーヒーから抽出したエスプレッソをベースにしたカフェラテや、そこにバニラシロップやキャラメルソースなどを加えた「キャラメル・マキアート」などのコーヒードリンク類である。今ではわれわれは、このスターバックス・ラテを、世界の各地で購入できる。しかし、その価格は国や地域によって違いがある。図表11-1は、2013年の世界の各都市における、グランデ・サイズ（473ミリリットル）のスターバックス・ラテの税込み価格の比較である。

　東京でのグランデ・サイズのスターバックス・ラテの価格は4ドル49セント（2013年2月20日の為替レートによる）と、表に取り上げられた29都市のなかでは中位にある。北京やソウル、ニューヨークで購入するグランデ・サイズのスターバックス・ラテの価格も、東京とほぼ同じである。

　最も高価格だったのはノルウェイのオスロであり、同じグランデ・サイズのス

【写真11-2　スターバックスの店舗】

(写真提供：アマナ)

ターバックス・ラテをオスロで購入すると、9ドル83セントと、東京の約2.2倍の支払いが必要になる。一方、最も低価格だったのはインドのニューデリーであり、2ドル80セントと、東京の40％引きでグランデ・サイズのスターバックス・ラテを購入することができる。オスロの価格は、ニューデリーの3.5倍になる。

　マクドナルドでもアディダスでも、同じことはいえる。グローバルに販売される製品やサービスにおいては、こうした国や地域での価格の違いは、珍しいことではない。

　では、なぜグローバルな価格は、国や地域によって異なるものとなるのだろうかグローバルに流通する製品やサービスの価格は、どのような枠組みのなかで決定されるのかを、順を追って確認していこう。

第11章　グローバル価格戦略

【図表11-1　世界の主要都市でのスターバックス・グランデ・ラテの価格】

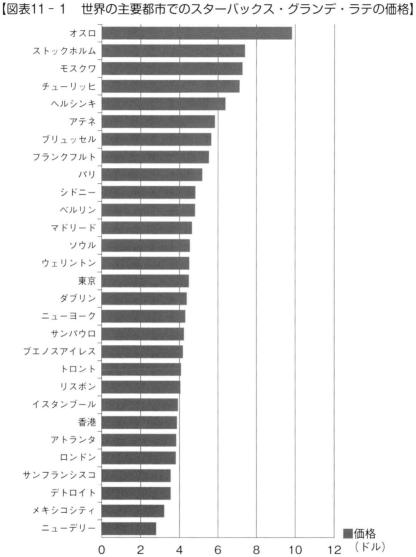

(*The Wall Street Journal* HPをもとに筆者作成、http://www.wsj.com/articles/SB10001424127887324048904578319783080709860)。

3 価格設定の天井と床

　価格の決定は、マーケティングにとって重要な問題である。どのような製品やサービスであっても、価格の高低の影響を受けて、その販売量は増加したり、低下したりする。そして企業にとっての収入は、この「価格×販売量」によって決まる。つまり営利企業の業績は、価格をどのように決定するかによって大きく左右される。

　企業が、製品やサービスの価格を決定しようとすれば、そこにはビジネスとしての常識的な上限と下限がある。この価格設定の天井と床は、次のように定まる。

　企業が設定可能な価格の上限は、製品やサービスがどの程度の顧客価値を有しているかによって決まる。価格が、顧客が支払ってもよいと考える上限を上回ってしまうと、それは購入されない製品やサービスとなってしまう。

　価格の下限は、企業が製品やサービスの提供に費やすコストによって決まる。価格が、その製品やサービスに要するコストの下限を下回ってしまうと、利益の見込めない製品やサービスとなってしまう。

　価格設定の天井と床の間の幅を広げることは、製品やサービスの1単位当たりに設定可能なマージンの拡大につながる。顧客が支払ってもよいと考える上限が高まり、企業が費やすコストの下限が低くなれば、企業にとっての利益の源泉は拡大する。

　このような天井と床の存在は、企業が高収益化という課題に挑むときは、顧客価値の向上とコスト削減の2つの方向性があることを意味している。たとえばスターバックスが自社のラテをより高収益な商品とするには、顧客が支払ってもよいと考える価格を高めるアプローチに加えて、ラテの質を落とすことなく、より安価な原材料やオペレーションへと切り替えていくアプローチが存在する。

　グローバルな価格の決定が複雑な問題となるのは、この価格設定の天井と床には多くの要因が影響するからである。グローバルに流通する製品やサービスの価格は顧客価値、企業のコスト、マーケティング目標、直面する競争の状況、流通チャネル、そして政府の政策の影響をうけて、国や地域によって異なったものとなる。次に、これらの諸要因が価格設定へ及ぼす影響を見ていこう。

【図表11−2　価格設定の「底」と「天井」】

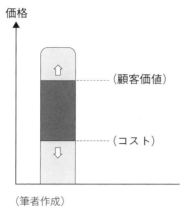

（筆者作成）

4 価格設定の諸要因

❖ 顧客価値の違い

　顧客価値は、価格の天井を定める。顧客価値は具体的には、顧客が支払ってもよいと考える価格の上限となって現れる。その背後にある重要な問題は購買力であるが、これは国や地域によって異なる。

　各国や地域の購買力は、グローバルな価格決定における主要な検討事項である。当然ながら、1人当たり所得が低い国において、大きな需要を獲得しようとすれば、製品の素材や調合、あるいはサービスのオペレーションを見直して、より低価格な製品やサービスを提供していく必要がある。

　そこでのグローバル企業にとってのリスクは、ブランド価値の低下である。高級ブランドの優良顧客である企業のエグゼクティブ層は、ビジネスで世界中を飛び回っている。あるいは豊かな国の消費者にとっては、海外でバカンスを楽しむことは珍しいことではない。こうした人々が他の国で同じブランドが、異なる価格で販売されているのを目撃すれば、ブランドの威信は喪失してしまうだろう。この問題に対する主要な対応方法は以下である。

❖ 第3部　グローバル市場の攻略

① 購買力の低い国や地域では、ブランドのセカンドラインを設け、素材や成分や調合、あるいはオペレーションなどを変更した製品やサービスを投入する。
② 購買力の低い国や地域では、パッケージングのサイズを小さくするなど、より少ない現金で購入できるようにする。
③ 購買力の低い国や地域では、富裕層をターゲットとし、先進国と同じ価格を維持し、ニッチ・プレイヤーに徹する。
④ 購買力の低い国や地域では、低価格で古いバージョンの製品を販売する。

❖ 企業のコストの違い

　企業が製品やサービスの提供に要するコストは、価格の床を定める。企業はマーケティングにあたって、製品の生産、プロモーション、そして流通に必要となる、すべての関連コストを考慮しなければならない。

　これらの関連コストのあり方は、国や地域によって異なる。そのために製品やサービスの収益管理が難しくなることがある。1996年に東京への出店したスターバックスを悩ませたのは、東京の店舗賃料の高さだった。

　一方、国や地域によっては、現地で原材料が低価格で調達できることもある。そのためにマクドナルドはインドで、ジャガイモ以外の材料はすべて現地調達とすることにした。加えてマクドナルドは、インド産のジャガイモの品質改良のために研究部門を設立した。

　加えて注意をしておきたいのは、グローバルに流通する製品やサービスの価格は、コストがどのように扱われるかによっても異なることである。グローバル・マーケティングにおける最も一般的なコストの扱い方は、国内での生産コストに国際活動によるコストを上乗せするコスト・プラス価格設定である。

　もうひとつのグローバルなコストの扱い方は、ダイナミック増分価格設定である。これは、国内で発生する固定コストを除外して、戦略的に価格設定を行うというものである。研究開発費や生産設備などの固定コストの大部分は、製品やサービスを海外で流通させてもさせなくても、国内で企業が負担しなければならなかったコストである。このような場合には、企業は自国外での製品やサービスにおいては、これらの固定コストを上乗せせず、追加的に必要となる原材料や輸送、人件費やプロモーションなどのコストだけを積み上げて価格設定を行い、低価格を実現しようとすることがある。なお、このダイナミック増分価格設定は、経済的には合理的な方

第11章　グローバル価格戦略

> **Column11－1**
>
> ## 変動コストと固定コスト
>
> 　企業が製品やサービスを顧客に提供する際に発生するコストには、変動コストと固定コストがある。この2つのコストがあることが、グローバル企業をより広い選択幅のもとでの価格設定へと導く。
>
> 　変動コストとは、生産量に応じて変化するコストのことである。たとえば、原材料費、光熱費、現地スタッフの人件費などは、企業が製品やサービスをグローバルに顧客に提供していくうえでの変動コストとなる。
>
> 　一方で、企業が事業を続けていくには、生産量にかかわらず発生する、固定コストの支払いも必要となる。たとえば、海外への輸出を行う企業にとっては、国内生産設備の減価償却費、研究開発費などは固定コストとなる。
>
> 　国内販売による収益によって、すでに固定コストをまかなっている。このような国内優良企業のグローバル化について考えてみよう、
>
> 　海外への輸出にあたって発生する追加コストは、この企業にとっては、変動コストのみである。こうした企業は、輸出先の市場での価格設定の底が低いことを利用して、本国と同じ価格設定を行い、大きな利益を獲得することもできるし、輸出先の市場では本国よりも低い価格設定を行い、販売を伸ばすこともできる。
>
> 　このように国内優良企業は、グローバル化を通じて、幅広い価格設定の選択肢を手にすることになるのである。

法だが、相手先の国からダンピングと見なされるおそれがあることには注意が必要である。

❖ マーケティング目標の違い

　グローバル市場における企業のマーケティング目標は、当面の利益の確保、将来に向けた市場浸透、ブランド・イメージの構築などさまざまである。

　なかには、各国の市場の違いに応じて、マーケティング目標を変える企業がある。たとえばグローバル・マーケティングでは、ファッション・トレンドのリーディング市場となる国においては、ブランド・イメージの構築を目標にハイエンド・モデルのみを投入し、巨大な購買力をもつマス市場をもつ国では、低価格帯までカバー

する幅広いラインを投入するといった対応が行われることがある。

あるいは、企業のマーケティング目標は、時間とともに変化することがある。たとえば、その国の市場に参入する初期には、市場への浸透を進めることをマーケティング目標に、企業は、他国と比較して相対的に低い価格を設定することがある。一方で、こうした企業も、強固な立場を築くことに成功した国の市場では、マーケティング目標を変化させ、十分な利益を確保することが可能な価格に転換する。そのために、グローバルな価格は、国や地域によって異なってしまうことがある。

❖ 直面する競争の違い

国や地域において、企業がどのような競争に直面するか。これも、グローバルな価格設定における重要な問題である。国や地域によって競争の状況が異なる理由は多くある。

第1は、競争企業の数である。国や地域によって、グローバル企業が直面する競争企業の数は異なる。ほとんど競争企業が存在しない（独占状態ということもある）国や地域もあれば、多数の競争企業が存在する国や地域もある。後者の国や地域では、企業は一般に低価格を志向する必要性が高まる。

第2は、企業の競争地位である。国や地域によって、グローバル企業の市場シェアは異なる。自社のブランドがトップ・ブランドである国や地域では、価格を高めに設定し、そうではない国や地域では価格を下げるという対応をとる企業もある。

第3は、現地企業の存在である。国によっては、現地企業が政府から特別な扱いを受けることがある。こうした現地企業は、補助金や助成により、低い価格設定を実現する。このような現地企業の存在も、グローバル企業が国や地域によって価格を切り替える要因となる。

第4は、偽造品の問題である。国や地域によっては、偽造品が大量に出回ることもある。こうした模造品への対抗上、企業はやむなく価格を引き下げなければならないことがある。

❖ 流通チャネルの違い

グローバルな価格設定では、流通チャネルの問題も無視できない。国や地域によって大規模小売業企業の影響力は異なる。大規模小売業企業の影響力が強い国や

地域では、グローバル企業の価格設定は、これらの企業との取引条件の交渉によって影響を受ける。

　大規模小売企業の政策はさまざまである。期間ごとに異なる目玉商品の値引きで販売を伸ばそうとする大規模小売企業もあれば、エブリデイ・ロープライシング（目玉商品をつくるのではなく、販売するすべての商品を競合小売企業の標準価格より低い価格で提供する政策）を実行する大規模小売企業もある。こうした大規模小売企業の政策の違いは、国や地域ごとのグローバル企業の価格設定に影響する。

　大規模小売業企業の影響力が弱く、伝統的な零細個人商店が元気な国や地域もある。こうした国や地域では、小規模な小売業者とメーカーの間をつなぐ、卸売企業が多段階のネットワークを構築している場合もある。こうした流通チャネルの多段階化が、流通マージンを高め、最終販売価格に影響することもある。

❖ 政府の政策の違い

　各国政府の政策の違いも、グローバルな価格設定に影響する。各国の消費税（売上税）や関税は、顧客が支払う金額に直接的に影響する。政府が介入し、産業ごとの最低価格を設定するなど、価格統制が行われている国もある。特に医薬品の分野は、医療保険の大きな部分を政府が運営している場合が少なくない。このような場合には、各国の政府の決定によって価格が決まる。

　税制が国や地域の買い手の選択に影響をおよぼす場合もある。たとえば、日本の酒税は、麦芽比率によって税率が異なっており、そのために、第3のビールのような麦芽を使用しないビール系飲料のカテゴリが大きく発達してきた。第3のビールは、日本国内では低い税率を生かして低価格販売されてきたが、税制の異なる海外でも同じような低価格を実現できたわけではない。

5　おわりに

　価格の決定は、一国内の市場に限定されたマーケティングでも、複雑な問題となる。その決定にあたってはマーケティング関連の部門だけではなく、生産、物流、財務、会計、税務、そして法務などの各部門との調整が必要となる。

　グローバルに流通する製品やサービスの価格は、これらの諸部門が、国や地域に

> Column11-2
>
> ## 為替変動への対応
>
> グローバルな価格設定が難しいのは、為替変動の問題があるからでもある。円安は、海外に輸出を行う日本企業の競争力を高める。
>
> 自国通貨が弱くなれば、輸出を行う企業にとっては、価格競争における優位性が高まり、輸出機会が増す。あるいは輸出先での価格を保ちつつ、高価な属性を製品に加えたり、製品ラインを拡張したりするといった対応で販売攻勢をかけることも可能になる。
>
> 逆に自国通貨が強くなれば、輸出を行う企業は、価格競争では不利になる。こうした企業は一段と生産性を高め、コスト削減を進めなければならない。加えて、調達や生産を海外へシフトする必要性も高まる。
>
> 一方で、こうした企業は、自国通貨が強いことの利点も引き出すようにしなければならない。そのためには以下のような原則に沿って行動をシフトする必要がある。
>
> ・自国通貨が強いときには、国外の所得は現地国で保持しておく。
> ・自国通貨が強いときには、必要なサービスは現地で購入し、現地通貨で支払う。
> ・自国通貨が強いときには、必要な資金は現地で借り入れる。

よって異なる顧客価値、企業のコスト、マーケティング目標、直面する競争の状況、流通チャネル、そして政府の政策にどのように対処していくかによって、異なったものとなっていく。

グローバルな価格は、国や地域よって異なる。だがさらに企業には、その幅の調整という問題が残される。国や地域での価格差が大きくなると、無認可の販売事業者が商品を低価格の国から高価格の国へと運び、グレー・マーケットの成立が助長されてしまう。グローバル・マーケティングでは、価格の多様化と統一化のバランスの絶えざる舵取りが求められることになる。

第11章　グローバル価格戦略

? 考えてみよう

1．スターバックスが、価格設定の天井と床の間の幅を広げ、収益性を高めていくには、どのような取り組みを進めていけばよいのだろうか。考えられる具体的な取り組みを、列挙してみよう。
2．購買力の低い国や地域の人々が、より少ない現金で製品やサービスを購入できるようにしていくためには、パッケージングのサイズを小さくする以外に、どのような対応があり得るだろうか。考えられるアイデアを列挙してみよう。
3．海外の企業が、ダイナミック増分価格設定により日本市場に低価格で参入してきた場合に、日本国政府がとるべき対応を考えてみよう。

次に読んで欲しい本

青木幸弘編『ケースに学ぶマーケティング』有斐閣、2015年
石井淳蔵、嶋口充輝、栗木契、余田拓郎著『ゼミナール・マーケティング入門（第2版）』日本経済新聞出版社、2013年

第12章

グローバル・コミュニケーション戦略

1 はじめに
2 マスターカードの「プライスレス・キャンペーン」
3 グローバル・コミュニケーションで変えるべきこと、変えざるべきこと
4 グローバル・コミュニケーションにおける標準化
5 おわりに

❖ 第3部　グローバル市場の攻略

1　はじめに

　あなたはどうだろうか。日々の生活のなかで、自分の伝えたいことが伝わらない、あるいは誤解されたという経験がないだろうか。

　コミュニケーションは難しい。ましてや国境を越えて多くの人々に自社のブランドのことを伝えようとすれば、コミュニケーションの難度はさらに高まる。そこには言語の違いだけでなく、文化の違いもある。

　グローバル企業は、広告キャンペーンにおいて、言語や文化の違いに配慮した表現を考えなければならない。だが一方で、第7章で学んだように、グローバル・マーケティングでは、標準化のメリットが少なくない。このことは、広告キャンペーンにも当てはまる。

　本章では、この標準化と適応化という、ある種のトレード・オフ関係のなかでのグローバル・コミュニケーションの進め方を検討していく。

2　マスターカードの「プライスレス・キャンペーン」

❖ プライスレス・キャンペーンの基本ストーリー

　マスターカード社は、1966年に旧チェース・マンハッタン銀行を中心に、アメ

【写真12-1　マスターカードのブランド・ロゴ】

（写真提供：マスターカード）

第12章　グローバル・コミュニケーション戦略

【図表12-1　2015年　主要国際カードブランド取扱高（単位：億ドル）】

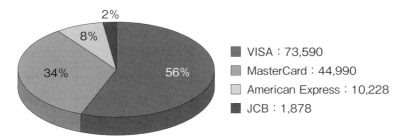

(出典：『月刊消費者信用』2015-9、をもとに筆者作成)

リカ東部の14の銀行によって共同で設立された企業である。現在では、世界第2位のクレジットカード会社である。マスターカードの2015年の全世界での会員数は、14億3,700万人であり、取扱高は4兆4,990億ドルである。

　日本でのマスターカードの置かれている状況は、世界のそれとは少し異なる。日本のクレジットカード産業では、リーディングカンパニーは世界全体と同じくVISAであるが、2位と3位のJCBとマスターカードのシェアは拮抗している。

　マスターカードは1997年より、会員数の増加とカード利用増を実現するためのプロモーションとして、「プライスレス・キャンペーン」をはじめた。この97年以降、マスターカードは日本でも会員数を伸ばし、2位のJCBとの差を縮めていく（図表12-2）。

【図表12-2　日本国内におけるMasterCardとJCBの会員数の推移（単位：万人）】

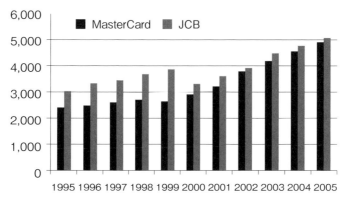

(出典：『月刊消費者信用』各年をもとに筆者作成)

❖ 第3部　グローバル市場の攻略

　プライスレス・キャンペーンでは、全世界で共通のストーリーの組み立てが採用されている。たとえば、そのテレビCMでは、日常的な生活のシーンを描きながら、そこに登場する製品やサービスの価格が示される。続いて、そこから生じる無形の価値や体験への言及が行われる。そして「お金で買えない価値がある、買えるものはマスターカードで（英米では "There are some things money can't buy. For everything else, there's MasterCard"）」というメッセージで締めくくられる。

　プライスレス・キャンペーンでは、このストーリーの基本的な組み立ては、世界共通である。世界のどの国や地域であっても、広告の最後で、お金で買えない価値に触れ、消費者との心のつながりを大切にするブランドであることを示す。

　一方で、プライスレス・キャンペーンでは、具体的な広告の表現については、世界の各国でさまざまなものが制作されてきた。続いて、世界の国々でのプライスレス・キャンペーンを見ていこう。

❖ 日本におけるプライスレス・キャンペーン

　プライスレス・キャンペーンのテレビCMは、日本でも数多く制作されてきた。そのいくつかを振り返ってみよう。

　まずは、家族の帰省の情景を描いたCMである。電車の車内で、母親が子供に

【写真12 - 2　マスターカードのホームーページにおけるイメージ表現】

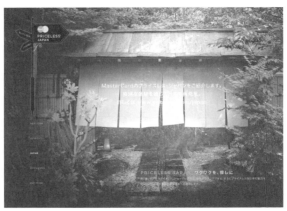

（写真提供：マスターカード）

「着いたら、ちゃんと言えるわね」と話しかけている。続いて、田舎町の酒屋で、父親が祖父への土産として日本酒を買う。「父の気に入りの地酒：7,000円」と、ナレーションが流れる。祖父の家に向かう途中の階段で、「母にカシミヤのショール：20,000円」とのナレーションが流れた後に、祖父が階段の上で手を振って待っており、子供が駆け寄る。そして、「おじいちゃんこんにちは、お元気でよかったです」とお辞儀をしながら挨拶し、祖父が子供の頭をなでる。「いちばんのみやげ：priceless」というナレーションでCMは終わる。

　お金で買えない価値は、家族愛だけではない。女性たちの旅の情景を描くCMでは、OL風の3人の女性が、インドで買い物をするシーンからはじまる。「深紅のサリー：8,000ルピー」とのテロップが現れた後、宮殿で踊るシーンをはさみ、「アーユルヴェーダ：3,000ルピー」とのテロップとともに、マッサージを受けるシーンから、画面はあたかも夢であるかのようにフェードアウトし、再度、宮殿でインドのダンスを踊るシーンとなり、「アンクルベル：600ルピー」とのテロップが現れる。

　そして、情景が切り替わり、タージマハルの前を3人が、ラクダに乗ってゆられていき、「新しい自分に目覚めること：priceless」とのテロップが流れる。

　あるいは、ロールプレイングゲーム（RPG）を擬したCMでは、主人公が宝箱を開けると、「ケンタはMasterCardを手にいれた！」とのテロップが現れる。アイテムショップで「勇者のノートパソコン：¥170,000」「ドラゴンのスーツ・まほうのカバン：¥95,000」と、アイテムを購入し、THE COMPANYと書かれた城に入るシーンで「ケンタの初仕事」とのテロップが現れる。そして、RPGで敵に遭遇したようにシーンが切り替わり「こわいトクイサキがあらわれた！」とラスボスが登場し、攻撃を受けながらも「ケンタは勇気でたたかった」と反撃を繰り返し、ついには「こわいトクイサキをクリアした！」とラスボスのなかから笑顔の得意先が現れる。情景は切り替わり「夢と冒険のはじまり：priceless」の文字とともにケンタは新たな旅にでていく。

❖ 海外におけるプライスレス・キャンペーン

　海外では、どのようなプライスレス・キャンペーンのテレビCMが制作されているのだろうか。そのいくつかを見ていこう。

　まずは、失恋への復讐を描いたCMである。女性が洋服を手に取り、化粧をし、

❖ 第3部　グローバル市場の攻略

バックを手にして外出する。このシーンでは、「new designer outfit: $250」「new lipstick: $35」「evening bag: $90」とのテロップが、次々と流れる。そして、パーティ会場に女性が颯爽と入っていく情景に切り替わり、談笑している男性が彼女に目を奪われる。

　その男性は、女性の別れた恋人であり、あわてて彼女のもとへ歩み寄ろうとするのだが、別の女性に行く手を阻まれる。それを彼女が見ながら、余裕の笑みを浮かべるシーンで「the look on your ex-boyfriend's face: priceless」とのテロップが流れる。

　子供や家族をテーマにしたCMもある。父と子が楽器店に訪れる。初めて楽器を購入する少年は、目を輝かせて店内を見て回り、「amp: $200」「strap: $30」とのテロップが現れる。その後に少年がギターを手に取り、「guitar: $450」とのテロップが現れる。少年は、店員に試してよいかと訊ね、そして突然、ギターを思いっきり床に叩きつけ、破壊し、ポーズをとる。その姿を店員が呆気にとられながら見ているなか、「rock & roll: priceless」とのテロップが流れる。

　あるいは、空港での再開の情景を描くCMでは、到着ゲートで誰かを待つ、花束をもった人物の姿が映し出される。到着ゲートが開き、その前にいた白髪の2人の女性が笑顔で手をあげる。孫であろう子供たちが大きな荷物を背負って駆け寄ってきて、抱き合う。そして「Ticket from Toronto: £299」とのテロップが現れる。カメラのアングルが切り替わり、親子であろう黒人の男性2人が、再会を喜びながら抱き合い、「Ticket from New York: £228」とのテロップが現れる。姉妹であろう女性2人も抱き合い、「Ticket from Cape Town: £449」とのテロップが現れる。白人の女性が手招きをするなか、母親らしき人物がやってきて熱く抱擁を交わし、「Ticket from Sydney: £595」とのテロップが現れる。最後に、さまざまな家族やカップルの再会の抱擁シーンが映し出され、「Spending Christmas together: priceless」とのテロップで締めくくられる。

3 グローバル・コミュニケーションで変えるべきこと、変えざるべきこと

　マスターカードは、このようにさまざまなプライスレス・キャンペーンのCMを、世界で投入してきた。日本と海外のCMを比べてみると、お金で買えない価値は、似通っていることに気づく。つまり、家族と一緒に過ごす時間や子供の成長、未来への夢、新しい自分といった事柄は、世界中の多くの人々にとってかけがえのないものであり、その中身を相互に理解したり、共感したりすることができる。

　しかし、お金で買えない価値のテーマは同じであったとしても、表現の仕方は日本と海外で大きく異なる。家族が再会する際に、日本では孫がおじいちゃんにお辞儀をしながら挨拶していたが、海外では抱擁を交わしていた。日本でも再会の際に家族が抱擁することはないわけではないが、一般的ではない。

　あるいは女性の新しい自分をテーマにしたCMでは、海外では美しくなることで別れた恋人の視線を釘づけにする表現がなされていたが、日本では旅先のインドで自分を見直すというものであった。日本において海外のような相手を見返す表現は、過激に映るのかもしれない。

　若者の文化をテーマにしたCMは、日本も海外も、ともにユーモラスな表現で描かれていた。日本でのRPGを擬した表現は、得意先をラスボスにパロディ化しており、海外での少年がギターを叩き壊す姿は、ロックアーティストをパロディ化している。日本でギターを叩き壊すCMを放映すれば、視聴者からモノを粗末に扱うな、とクレームが来るかもしれない。

　このように、お金で買えない価値という広告キャンペーンやその中身は日本と海外で似通っていても、その表現に関しては国ごとに違いがある。当然のことながら、広告表現が現地の文化にふさわしくなければ、広告の訴求力は弱くなる。文化が国や地域によって異なる以上、広告も国や地域ごとに表現を変えるのは当然だといえる。では、世界の広告に共通の組み立てを採用したマスターカードのプライスレス・キャンペーンは、どのような意義を持つのだろうか。続いて、この問題を考えていこう。

❖ 第3部　グローバル市場の攻略

4 グローバル・コミュニケーションにおける標準化

❖ プロモーションにおける標準化のメリット

　グローバル企業は、自社の広告キャンペーンにあたって、キャンペーンを世界共通の表現で行うか、それとも文化に合わせて、各国で異なるキャンペーンを行うかの判断を迫られる。つまり、第7章で考察した標準化 vs. 適応化がプロモーションにおいても問題となる。

　広告キャンペーンにおいて、標準化にはどのようなメリットがあり、それを阻害する要因にはどのようなものがあるだろうか。まずは標準化のメリットから見ていこう。

　第1に、広告キャンペーンを標準化することで、グローバル企業はコスト削減をはかることができる。標準化されたテレビCMを制作し、それをさまざまな国や地域で使い回せば、テレビCMを複数制作する必要はなくなる。加えて、広告キャンペーンを標準化すれば、各国別に広告政策の担当者を配置する必要がなくなることも、コスト削減につながる。

　第2に、広告キャンペーンの標準化は、グローバルに一貫したイメージの形成をうながし、グローバル・ブランドの構築に貢献する。複数の国で一貫した広告を行うことは、グローバルに成功しているというイメージや存在感をブランドにもたらす。つまり、そのブランドが共通のものとして世界中で受け入れられているイメージがつくられ、ブランド選択の正当化や、安心感を生みだす。

　第3に、広告キャンペーンの標準化は、グローバルに共通する市場セグメントへの対応に適している。国や地域の消費には、文化による嗜好や価値観の違いが色濃く残る反面、グローバル化が進む近年では、映画の「ハリー・ポッター」を見たりゲームの「ポケモンGO」で遊んだりするなど、同じような体験を経るなかで、国境を越えて嗜好や価値観が共通化していく動きもある。特に富裕層や若者のセグメントではその傾向が強くなる。広告キャンペーンを標準化すれば、このようなグローバルに共通の市場セグメントに向けて一貫したメッセージを発信できる。第10章で述べたように、このようなセグメントに属する人たちが、海外旅行に出か

け、さまざまな国や地域のメディアでの同一の広告キャンペーンを目にしたり、耳にしたりすれば、ブランド・イメージの向上にもつながる。

　第4に、広告キャンペーンの標準化は、クリエイティブの才能の吸引に有利である。本当にクリエイティブな広告のアイディアは希少であり、なかなか生まれない。そのなかで、安定して力を発揮するクリエイターは世界的にも限られる。広告キャンペーンを標準化し、全世界の広告予算を1つにまとめることで、グローバル企業は、才能あるクリエイターに高額の報酬を提示できるようになる。

❖ プロモーションにおける標準化の阻害要因

　グローバル企業にとって、広告キャンペーンの標準化には多くのメリットがある。しかしグローバル企業が、広告キャンペーンを標準化するには、さまざまな阻害要因を乗り越えなければならない。

　第1は、文化の違いである。グローバリゼーションが進行しているとはいえ、国や地域ごとの文化のギャップは、依然として存在している。たとえば、広告メッセージの訴求には、製品やサービスの使用や性能などの客観的指標を用いた理性的（think）な特性を打ち出す方法と、イメージやドラマティックな演出などを用いた感覚的（feel）な特性を打ち出す方法がある。Column12-1や12-2のように、文化によって好まれる広告の訴求の方法は異なる。

　第2は、国や地域によって異なる広告規制である。国や地域が異なれば、広告にかかわる法律や倫理は異なる。国によっては、テレビCMでのタレントの肌の露出の度合いが法律で規制されている。あるいは、日本での化粧品の広告では、医薬品のような効果・効能を保証する表現が禁止されていたりする。

　第3は、国や地域によって異なる参入後の時間経過である。自社が市場に参入して間もないのであれば、ブランド認知を高める必要があるだろうし、ブランド認知が確立されているのであれば、ブランド・イメージを豊かにするような広告キャンペーンが求められる。

　第4は、国や地域によって異なる市場の成熟度である。製品ライフサイクル上の段階が異なれば、効果的な広告キャンペーンも異なることになる。

　第5は、企業の組織的な要因である。現地の拠点や子会社の独立性が高かったり、売上げが大きかったりすると、現地の拠点や子会社が広告キャンペーンの標準化に対して抵抗することがある。こうした抵抗には、「よそでつくられたものは、受け

Column12-1

THINKとFEEL

　文化が異なれば、消費者の説得に効果的な広告の表現も異なることになる。この違いをとらえる軸のひとつとして、理性的訴求（Think）と感覚的訴求（Feel）がある。

　Thinkのよる訴求とは、なぜそうなのかを事実にもとづき説得する論理的説得の方法、あるいは明確な結果を視聴者に提供する啓蒙的説の方法などである。Feelによる訴求とは、「あなただけに特別に」といった表現形式を用いて消費者の感情を揺さぶる方法、あるいはナレーションやキャラクターやプロット（シナリオ）を用いた芝居仕立ての訴求を行う方法などである。

　重要なのは、国や地域によるThinkとFeelそれぞれの選好の度合と、地理的な近接性は異なるということである。地理的な近接性を軸に広告キャンペーンの標準化を進める対応では、似たような広告訴求の好みをもつ国や地域をうまくとりまとめることができない点には注意が必要である。

【図表12-3　ThinkとFeelに基づいた国のクラスター】

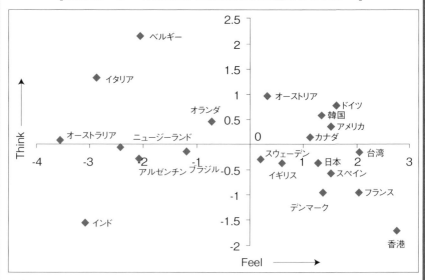

出典：Zandpour, Fred & Harich, R. Katrin (1996) "Think and Feel Country Clusters: A New Approach to International Advertising Standardization" *International Journal of Advertising*, 15, p.341.

入れない症候群」と呼ばれるように、心理的な側面もある。一方で、現地の拠点や子会社のモチベーションを高めるためには、こうした心理面への配慮も欠かせず、バランスのとれた対応が必要となる。

❖ トレード・オフを超えて

　以上のように、グローバル・コミュニケーションでは、標準化のメリットがある一方で、それを阻害する要因も無視できない。一見したところ、両者は、トレード・オフの関係にあるように見える。つまり、標準化を推し進めれば、それを阻害する壁に突き当たり、阻害要因に対処しようとすれば標準化のメリットが失われる。

Column12−2

比較広告

　比較広告とは、自社ブランドを競合するブランドなどと、価格や機能などの点で比較し、自社ブランドの卓越性を消費者に提示する広告のことである。比較広告は3つのタイプに識別できる。
① 自社ブランドと現実に競合するブランドとの比較広告
② 自社ブランドと架空の「ブランドX」との比較広告や、製品カテゴリーの他の製品よりも優れていると訴求する広告
③ 世界で一番優れていると訴求する広告
　しかし、このような比較広告はアメリカやイギリスといった国々ではよく見かけるが、日本ではあまり見かけない。その背景には、文化の価値システムの違いがある。
　比較広告が受け入れられるのは、個人主義と男性的という特性をもつ文化圏（アメリカ合衆国、イギリス、ドイツ、イタリアなど）である。他の文化圏で比較広告が受け入れられない理由は、集団主義であれば、比較広告は他の集団の面子をつぶすからであり、女性的な文化は社会集団への帰属を重んじ対立を好まないので、比較広告は攻撃的すぎるためである。
　日本文化の価値システムは、集団主義と男性的という特徴をもつ。したがって、集団主義が比較広告を受け入れない要因としてはたらく。しかし、男性的な文化特性を有するので、競争心や達成という価値は尊ばれる。そこで日本では、「当社比」という表現で、自社の新製品と旧製品を比較し優れている点を訴求しようとする広告が、よく行われる。

【図表12-4　比較広告の前提となる文化の価値システムの違い】

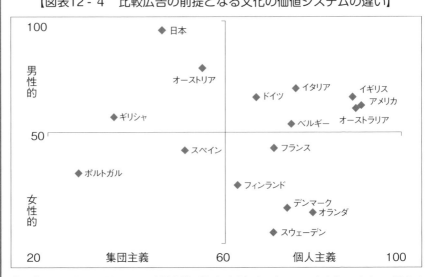

出　典：de Mooij, Marieke（2009）*Global Marketing, and Advertising, Third Edition*, SAGE Publications, p.259.

　だが本当にグローバル企業にとって、この問題は、完全なトレード・オフの関係にあるのだろうか。マスターカードのプライスレス・キャンペーンを振り返ろう。このキャンペーンでは、広告のストーリーの基本的な組み立ては、世界共通だった。しかし、具体的なストーリーの表現は、各国で異なったものが制作されていた。すなわち、マスターカードは、個々の表現は、国や地域の文化を考慮することで、現地適応を果たしつつ、広告の基本ストーリーは共通化し、ブランド・イメージの一貫性を保ったキャンペーンを実現していた。

　このように広告キャンペーンのガイドラインを、共通性と自由度を合わせもつように定めることで、標準化と適応化のバランスをとることができる。現地適応化を果たしつつ、標準化のメリットを一定の範囲で享受することが可能になる。

5 おわりに

　本章では、マスターカードのプライスレス・キャンペーンのケースを通じてグ

ローバル・コミュニケーションへのアプローチを考えてきた。グローバル・コミュニケーションの標準化には、多くのメリットがある。一方で、標準化の阻害要因も無視できない。

とはいえ、グローバル・コミュニケーションにおける標準化と適応化は、完全なトレード・オフの関係にあるわけではなく、グローバル企業が、共通性と自由度を合わせもつ広告キャンペーンを展開することは不可能ではない。マスターカードのプライスレス・キャンペーンは、このグローバル・コミュニケーションにおけるジレンマのひとつの乗り越え方を示している。共通の組み立てをグローバルに使用し、そのもとでの具体的な展開は、現地での発想や創造性に委ねる。こうすることで、グローバルに共通のキャンペーンでありながら、現地適応したコミュニケーションが実現する。

❓ 考えてみよう

1. グローバル企業の印象に残っている広告キャンペーンが、他の国々で同じように展開されているか、それとも異なる形で展開されているのか調べてみよう。
2. グローバル・コミュニケーション戦略の標準化と適応化のメリットを踏まえたうえで、あなたがグローバルな広告の担当者だったとすれば、どちらの戦略に重点を置くか、その理由とともに考えてみよう。
3. マスターカードのように、標準化と適応化のバランスをとっていると考えられる広告キャンペーンが他にあるか調べてみよう。

次に読んで欲しい本

岸志津江、田中洋、嶋村和恵著『現代広告論 新版』有斐閣、2008年
杉本徹雄編『新・消費者理解のための心理学』福村出版、2012年
大阪市立大学商学部編『ビジネス・エッセンシャルズ〈3〉：国際ビジネス』有斐閣、2001年

第13章

グローバル営業戦略

1 はじめに
2 コニカミノルタの複合機事業
3 グローバル営業のマネジメント
4 グローバルな顧客関係マネジメント（CRM）
5 おわりに

❖ 第3部　グローバル市場の攻略

1　はじめに

　コニカミノルタという会社をあなたは知っているだろうか。コニカミノルタは、オフィスでのコピーなどで用いられる複合機（写真13-1）と、それに付随するサービス、そして商業・産業印刷の機器の製造と販売を事業の主力とする企業である。

　本章では、グローバル市場におけるコニカミノルタの取り組みから、企業はグローバル市場における営業案件を、いかにマネジメントしているかを学ぶ。営業活動をグローバルに広げていくなかで、企業はどのような課題にこたえる必要に迫られていくのだろうか。加えて本章では、グローバル営業に関連する顧客関係管理（CRM）の問題にも目を向け、企業が国境を越えた顧客関係マネジメントを行うことの意義と、その際に生じる課題を検討する。

2　コニカミノルタの複合機事業

❖ コニカミノルタと複合機市場

　コニカミノルタ株式会社は、2003年にコニカとミノルタという2つの企業が合併して誕生した。両社の主力事業であった写真関連事業のうち、デジタル一眼レフカメラシステムの一部は合併後の2006年にソニーに譲渡され、現在のコニカミノルタの事業では、オフィス向けの複合機とそれに付随するサービス、そして商業・産業印刷の機器が事業の主力となっている。

　ここでいう複合機とは、コピーや印刷の機能に加えて、写真や文書を読み取るスキャナ、そしてファクシミリ機能などを一体化したものであり、日々のオフィス業務に欠かせない機器で、現在ではデジタル型が主流になっている。オフィス向け複合機の販売では、機器を顧客企業に買い取ってもらうのではなく、リース契約を結んでオフィスに機器を設置し、利用した印刷枚数に応じて課金する制度が広がっている。

第13章 グローバル営業戦略

【写真13-1 コニカミノルタのカラー複合機（bizhub C754e Premium）】

写真提供：コニカミノルタ株式会社

複合機産業の重要な特徴は、メーカー各社の市場シェアが安定していることである。その要因としては、複合機のリース契約期間が、一般に3年〜5年で、その期間内には通常他社への乗り換えが発生しないこと、さらには一旦契約が結ばれると8割方が再契約されるため、上位企業の顧客基盤が確立されると、市場シェアを大きく塗り替えるのは難しくなることが挙げられる。

また、複合機は、世界的に見て日本が比較優位をもつ産業のひとつでもある。

❖ マネージド・プリント・サービス（MPS）

2000年代前半、デジタル技術が定着した複合機産業では、モノクロからカラーへのシフトが見込まれていた。デジタル技術によるカラー印刷の実現には、画像処理技術を確立しなければならない。コニカミノルタは、コニカのトナー（着色粉末）関連技術と、ミノルタの機器関連技術を組み合わせることで、他社に先駆けてカラー印刷のための重合法トナーの開発を果たし、いち早くその生産体制を整えていった。

このカラー複合機の普及を後押ししたとされるのが、マネージド・プリント・サービス（MPS）である。MPSとは、複合機の営業手法のひとつであり、顧客企業の社内で使用される複合機やプリンター、発生する大量の文書や情報について、その機器配置や文書作成から伝達、保存、廃棄に至る業務プロセスのデータを収集

❖ 第3部　グローバル市場の攻略

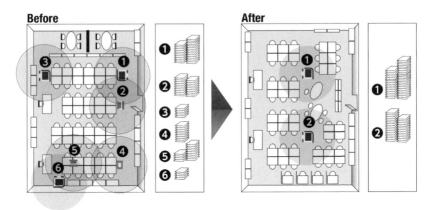

【図表13-1　コニカミノルタのMPSの一例】

出典：コニカミノルタ　アニュアルレポート　2015

した上で、データ分析に基づき、複合機の最適な運用方法を提案するコンサルティング・サービスである。図表13-1に、その一例を紹介する。

　MPSが登場した背景には、ITやネットワーク技術の進展による、オフィス環境の変化がある。MPSを行うことにより、オフィスのドキュメント関連の経費を、平均で2割ほど削減できるという。MPSによって、顧客企業のコスト削減と組み合わせたカラー複合機導入の営業提案も可能となり、コニカミノルタが得意とする高額なカラー複合機の採用が広がっていった。

❖ ヨーロッパ市場における躍進

　2000年代の後半以降、コニカミノルタの複合機事業は、ヨーロッパでの躍進を果たす。同地域におけるコニカミノルタの市場シェアは、2004年から一貫して拡大を続け、2013年にはヨーロッパ市場でのシェアトップに上りつめている。同社のヨーロッパ市場における躍進は、複数の要因を組み合わせたストーリーとして説明することができる。

　まずコニカミノルタは、デジタル・カラー複合機の開発と生産で他社に先行した

そして、ヨーロッパを中心にMPSに積極的に取り組んだ。このMPSを生み出したのはライバルのゼロックスなのだが、コニカミノルタには特にヨーロッパでMPSを有利に展開できる基盤があった。コニカミノルタは、ヨーロッパでの営業を、代理店経由ではなく、直販体制で展開していたのである。

グローバル顧客への営業

　コニカミノルタはヨーロッパ市場を中心に、グローバル大企業へのMPSによる営業を強化してきた。グローバル大企業との契約にはいくつかのメリットがある。

　第1に、企業規模が大きいグローバル大企業では、複合機の設置台数も多く、MPSによるコスト削減効果が高くなる。グローバル大企業では、MPSによって数億円単位の削減が実現することもあるという。第2に、こうした企業は、多くの子会社をかかえる企業グループを形成していることが多く、頂点の親会社を押さえることに成功すれば、波及効果が期待できる。第3に、グローバル大企業との契約は、ブランド・イメージの向上にもつながり、新規顧客の獲得に有利となる。

　グローバル大企業とのMPSの契約については、世界的に見ると、ゼロックスやHP（ヒューレット・パッカード）といったアメリカ企業が大きな市場シェアを有している。そのなかで、コニカミノルタは、世界有数の保険会社や自動車メーカーなど、主にヨーロッパを本拠地とするグローバル大企業からMPSの受注に成功し、グローバル・メジャー・アカウント事業の売上げを大きく拡大している（図表13-2）。

　そこに大きく貢献したのが、コニカミノルタのグローバル・メジャー・アカウント推進部による、チーム体制での営業活動である。この部署は、グローバル大企業への営業を担当する専門部署であり、国境を越えたMPSを提供するとともに、顧客企業の国外の子会社や拠点に向けては、統一のベースのもとで、国や地域に合わせてきめ細やかにカスタマイズされたサービスを、現地のコニカミノルタの子会社や拠点を通じて提供している。

> **Column13−1**
>
> ## エフェクチュエーション
>
> 　エフェクチュエーションとは、S. サラスバシー氏が提唱した、市場創造プロセスの理論である。この理論は、起業家（アントレプレナー）研究と熟達者（エキスパート）研究という2つの研究領域の接点で生まれた。そこに示される市場行動の原理には、P. コトラー氏が提示したSTPマーケティングへのアンチテーゼという側面がある。
>
> 　優れた起業家たちは、予測に基づいて活動を制御するのではなく、可能な活動を実践するなかで機をうかがっていく行動を選択する。エフェクチュエーションは、この優れた起業家たちに見られるような、渦中での省察に重きを置く行動原理を示す。
>
> 　コニカミノルタの複合機事業のヨーロッパでの躍進においても、エフェクチュエーションと共通する動きが見られる。同社の躍進に不可欠だったといえるMPSは、そもそもはライバルのゼロックスが開発した手法である。コニカミノルタはMPSの先駆者ではないが、意図せざる強みが同社のヨーロッパ事業にはあった。コニカミノルタのヨーロッパの販売網では、もともと直販比率が高かったのである（渡辺紗理菜、栗木契「コニカミノルタヨーロッパにおけるカラー複合機の躍進」『一橋ビジネスレビュー』62巻1号、2014年）。MPSをいかした営業活動を、国境を越えて事業を展開するグローバル大企業に向けて推進していくには、代理店経由ではなく、直販体制でサポート・サービスを行うことができるコニカミノルタは有利だった。
>
> 　複合機産業の営業におけるMPSというイノベーションは、コニカミノルタがカラー複合機への重点投資に踏みきった後に生じた。しかし、コニカミノルタは、こうした想定外の展開を、自社のマーケティングに積極的に取り入れ、ヨーロッパでの直販体制という自社の経営資源の潜在性を引き出していく。コニカミノルタは、エフェクチュアルな行動で、ヨーロッパでの躍進を果たしていったのである。

【図表13-2　コニカミノルタのグローバル・メジャー・アカウント事業の売上高推移】

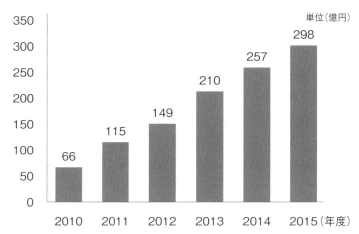

※　コニカミノルタの資料をもとに筆者作成

3　グローバル営業のマネジメント

❖ グローバル・アカウント・マネジメント（GAM）

　企業のグローバル営業において必要となる取り組みをイメージしやすくするために、1つ例を挙げよう。我々は日常的にスーパーやショッピングセンターといった小売店を何気なく利用しているが、小売店がメーカーから商品を仕入れるシステムに近年変化が起こっている。以前はメーカーと店舗ごとの担当者間で商談が行われ、個店対応で仕入れを行うことが一般的であったが、近年はコスト削減の観点から、小売企業の本部が一括してメーカー担当者との商談を行い、商品を仕入れる方法が支配的になりつつある。

　同じようなことが、営業活動のグローバル化においても起こっており、供給側の企業が、国境を越えた自社内の調整を行いながら、供給先企業のグローバル本部に対して統合的な営業活動を進めていく取り組みが求められるようになっている。この取り組みのことを、グローバル・アカウント・マネジメント（GAM）という。

❖ 第3部　グローバル市場の攻略

　このようなグローバルな営業案件は、グローバルな最低価格での契約に落ち着くことが多い。一方で、供給側の企業にとっては、グローバルに大規模な事業を展開する企業との取引は、大きな事業機会でもある。効果的なグローバル・アカウント・マネジメントは、最終的には買い手と売り手の双方にとってメリットのある、ウィン-ウィンの関係を導く。

❖ グローバル企業からの要請

　グローバル企業は、購買取引にあたって、供給側の企業に以下のような対応を求めることが多い。
　第1にグローバル企業は、購買の交渉や関係性づくりを適切に行うために、取引にあたって接点を複数化するのではなく、単一化することを求める。
　第2にグローバル企業は、供給側の企業が、国や地域別の価格差についての正当な理由を提示できないならば、最低価格への統一化を強く要求し、運送や保証、大量購買時の値引きなどの条件についても統一化を要求する。
　第3にグローバル企業は、世界中で標準化された製品やサービスを供給することを求めたり、品質や成果に高い一貫性を要求したりする。
　第4にグローバル企業は、自社が事業を展開している国や地域で、サポート・サービスなどを統一的に提供できる企業を好む。

❖ GAMの実施に向けた取り組み

　供給側の企業の立場から見ると、GAMに自社が取り組むか否かは、慎重な検討を必要とする問題である。顧客企業がグローバルな対応を望むからといって、GAMが供給側の企業にとっても常に適切な取り組みとなるわけではない。
　供給側の企業が、顧客企業ほどにはグローバルな活動を統一化できていない場合には、GAMは供給側には追加投資や管理コストの増大を招き、利益が吹き飛んでしまうことすらある。もちろん供給側の企業が、GAMを通じて、自社の製品やサービスの革新、ブランドの構築、あるいは新たな市場開発などを実現することに重きを置いているのであれば、一時的な利益の低下は、重要な問題とは見なされないかもしれない。
　GAMを自社の利益と成長の源泉とするには、供給側の企業としては、営業案件

のグローバルな統合によって、規模の経済や範囲の経済（本書Column 9-2参照）を実現しながら、顧客企業の要求に対応していくことが重要である。GAMの実施にあたっては、供給側の企業は、以下のような行動を起こす必要がある。
① GAMのチームを編成する。
② 調整とコミュニケーションの能力に優れたグローバル・アカウント・マネジャーを任命する。
③ グローバル・アカウント・マネジャーをサポートするCRMのためのデータベースを整備する。
④ グローバル・アカウント・マネジャーの担当先となる顧客企業の部門に加えて、国や地域ごとの販売部隊の担当先となる部門も定める。
⑤ 獲得手数料については、グローバル・アカウント・マネジャーと、国や地域ごとの販売部隊との間でどのように配分するかを明確にする。
⑥ GAMのチームのメンテナンスを怠らず、顧客企業の変化するニーズに適合し続ける。

4 グローバルな顧客関係マネジメント（CRM）

　顧客関係マネジメント（Customer Relationship Management）とは、顧客データベースを活用したマーケティング活動であり、企業にとっての顧客生涯価値を最大化するとともに、より顧客に焦点を合わせた活動を統合的に展開し、顧客満足を高めることをめざす。
　グローバル化のなかで企業は、国境を越えたCRMを展開するようになる。CRMをグローバルに展開すれば、グローバル・マーケティングの他の分野と同様に、国や地域の子会社や拠点は、CRMの運用方法を、国境を越えて共有することができる。顧客関係マネジメントの第1段階では、顧客獲得が中心の課題となる。第2段階では、顧客維持が中心の課題となる。第3段階では、獲得後に他社の製品やサービスに流出してしまった顧客（離脱顧客）への対応が課題となる。各段階での課題や対応の方法を、CRMをグローバルに展開している企業の現地子会社や拠点は、先行する他の国や地域から、迅速に導入することができる。
　CRMのグローバル化にあたっては、国や地域の言語や価値観、そして制度の違いへの対応が必要となる。たとえば、世界中に居住する中華系の人々は、言語別に

複数の名前をもつことがあり、データベースへの二重登録が発生しやすい。またプライバシーや個人情報保護は、多くの国や地域で非常に神経を使う問題となる。法的あるいは文化的な問題のため、第三者からのデータベース購入が困難となることも少なくない。さらにCRMの運営をまかせることができる現地スタッフは、多くの国や地域では希少な人材であり、採用することが難しいことにも注意が必要である。

　CRMの効果は、データベースなしには生まれず、優れたデータベースは企業の資産となる。とはいえ、CRMの実施にあたっては、IT主導ではなくマーケティング主導のプログラムとすることが大切である。なぜならCRMは、IT技術を包括するより大きな概念だからである。たとえば、グローバル企業は、CRMのデータベースを使用する見込みがある国や地域においては、あらかじめプライバシーや個人情報保護の取り扱いに関連する法律を調べ、政治や価値観の動向についても見極めて

Column13-2

組織間関係の5つのレベル

　自動車を購入したり、運転したりするときに、皆さんがそのつくり手として意識するのは、BMWやメルセデス・ベンツ、あるいはトヨタやホンダといった自動車メーカーだろう。しかし実際には、自動車メーカーのみならず、制御システム、ブレーキ、タイヤ、エアバッグ、あるいはカーナビなどを供給する数多くのメーカーがかかわることで、自動車はできあがる。

　複数の企業がかかわることで、製品やサービスが完成する。これは、自動車にかぎらない多くの産業の基本的な成り立ちであり、そこでは企業という組織は、他の組織との相互依存的な関係のなかで事業を継続することになる。

　こうした企業（組織）間の相互依存的な関係を踏まえると、事業のとらえ方には、5つの異なるアプローチがあることが理解できる。第1は、独立した主体としての企業に焦点を当てた分析である。第2は、売り手と買い手のような、一対の企業のダイアド（二者間）の関係に焦点を広げた分析である。第3は、関係性ポートフォリオのような、1つの企業を中心とした複数の二者間関係を取り上げた分析ある。第4は、連結的関係のような、二者間関係の先にある、企業の再販売先の企業などの間接的なつながりにも注意を払った分析である。第5は、ネットワークのような、多数の企業に加えて、政府や自治体などの事業者以外の組織も含めた多くの相互作用を対象とした総合的な分析である。

【図13-3 組織間関係の段階】

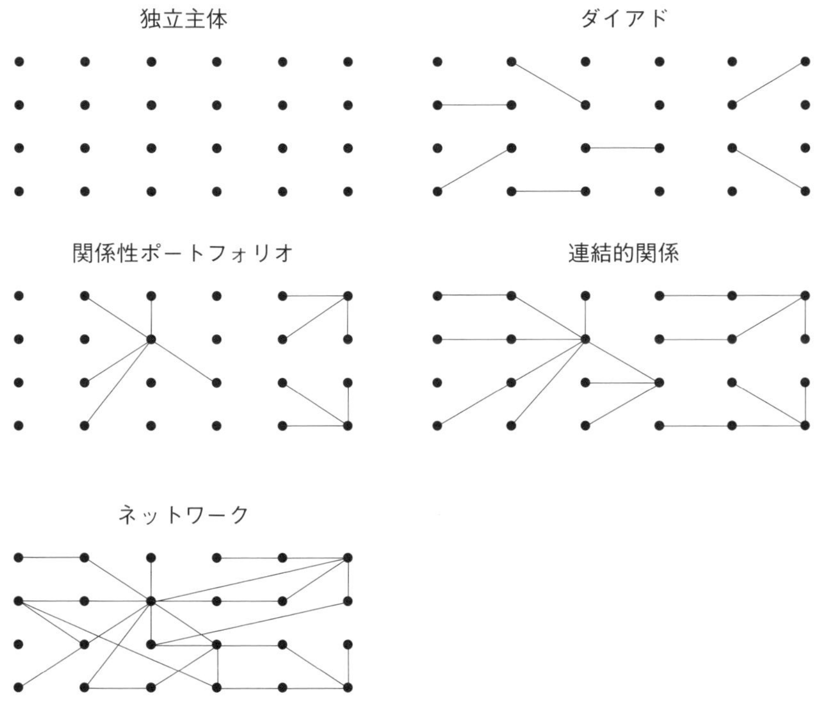

独立主体

ダイアド

関係性ポートフォリオ

連結的関係

ネットワーク

出所：Ritter, Thomas, Ian F. Wilkinson, and Wesley J. Johnston, "Managing in Complex Business Networks," *Industrial Marketing Management*, Vol. 33 (3), pp. 175-183, 2004 をもとに筆者作成

おく必要がある。

5 おわりに

　顧客企業の事業のグローバル化は、供給側の企業のマーケティングにも大きく影響する。企業によっては、経営の中枢はロンドン、親会社はインド、生産拠点は中国、販売子会社は世界各国というように、グローバルに分散化した組織体制への移行が進む。GAMとは、この顧客企業の事業のグローバル化への営業面からの対応

❖ 第3部　グローバル市場の攻略

方法である。CRMのグローバル化は、このGAMをサポートする。

　コニカミノルタは、こうした変化を事業機会とするべく、果敢なチャレンジを行ってきた。コニカミノルタは、先行してヨーロッパで構築していた自社の経営資源を生かしてGAMに取り組み、グローバル大企業へとアプローチすることで成功をおさめてきた。この取り組みは、グローバル化が進む事業環境に挑む多くの日本企業に示唆を与えるものである。

❓ 考えてみよう

1．企業が営業案件をグローバル化することによるメリットとデメリットを考えてみよう。
2．供給企業がグローバルな顧客との契約で最低価格での提供を持ち掛けられた場合の適切な対処法を考えてみよう。
3．グローバル企業がCRMプログラムを積極的に導入するようになった背景を、企業の競争環境の変化という観点から調べてみよう。

次に読んでほしい本

石井淳蔵著『営業をマネジメントする』岩波書店、2012年
サラス・サラスバシー著、加護野忠男監訳、高瀬進・吉田満梨訳『エフェクチュエーション』碩学舎、2015年
高嶋克義、南知惠子著『生産財マーケティング』有斐閣、2006年

第4部

グローバル競争の場としての日本

第14章

グローバル小売の店舗戦略

1 はじめに
2 カルフールの日本市場進出
3 コストコの日本市場進出
4 日本市場でのグローバル小売
5 おわりに

❖ 第4部　グローバル競争の場としての日本

1　はじめに

　1999年のコストコを手はじめに、2000年以降にはカルフール、ウォルマート、テスコといった国際小売企業が相次いで日本市場に参入した。当初、その売上規模や国際的な競争力から「黒船来襲」とまで騒がれたが、予想に反して日本市場でのシェアは伸びず、カルフール、テスコのように日本市場から撤退する企業も現れている。
　しかし、カルフールと同様に最初は苦戦していたコストコは、店舗コンセプトに対する確信とそれを支える運用上のオペレーションの強さを堅持することで、今では日本市場での確固たる地位を築きあげている。
　カルフールやテスコの撤退は、グローバル小売企業の提供するものと、日本の消費者の求めるものとのギャップが大きかったことを示している。一方で、そのギャップを埋めるための需要創造に成功すれば、他社が追随できない強力な差別化要因となりうる。後者の事例として本章ではコストコを取り上げる。

2　カルフールの日本市場進出

❖ 21世紀の黒船

　カルフール・グループは、フランスを本国とする国際経験が豊富な小売企業グループである。しかし、たとえ海外進出の経験が豊富であっても、現地市場の基本特性に見合った現地型モデルを完成するには相当な時間がかかる。今日までカルフールが参入し、成功を収めている国や地域は、どちらかといえば近代的な流通システムが未発達で、消費者の価格志向の強い市場であった。一方、カルフールが短期間で撤退してしまったイギリス、ドイツ、アメリカ、そして日本などはいずれも小売企業間の競争が激しいため、標準的な店舗コンセプトの革新性を発揮しにくい環境であった。カルフールの海外戦略の基本は、消費者需要が旺盛で、その需要を満たす店舗が不足している市場で先発者優位性を発揮することにある。

第14章　グローバル小売の店舗戦略

　このような状況のなかで、日本市場への参入はカルフールにとってどのような意味合いを持っていたのか。2000年12月、カルフールが進出した日本のスーパーマーケット産業は、成長の低迷が続いていた。カルフールが日本に持ち込んだのは、高い天井、広い売場、大量の商品陳列のほか、最低価格保証制などの低価格を訴求した店舗コンセプトであった。それを支えるのが直接取引による徹底した低価格仕入れである。それだけに同社は、卸売業者を介在させた間接取引が一般的である日本においてもメーカーとの直接取引を要求した。しかし、主要食品メーカーからの納入が拒否され、1号店の開店直前まで納入交渉は終わらず、日本における現地商品調達は難航を続けた。

　カルフールは、日本市場への進出に先だつアジア諸国での運営経験から、地域に密着する地元商品中心の売場づくりを重要視した。特に加工食品については、輸入品をほとんど置かず、日本で調達した商品を主体とした商品政策をとっていた。しかし、1年半近くを経た時点でカルフールは、現地化の一環としてきた商品政策を全面的に修正することになった。それは、日本国内メーカーとの直接取引ができない加工食品部門で、品揃えの問題が発生したからである。

　日本国内からの商品の入手が困難な状況のなかで、カルフールが選択したのは、日本のメーカー品とのバランスをとりながら、日本の消費者が感じる物足りなさを欧米風の商品でまかなうという道だった。当時、カルフールでは海外メーカー品が全体の約1割しか占めなかったため、欧米風の商品がもっと多いと思って期待していた日本の消費者を満足させることができていなかったのである。

　結局、カルフールの商品政策は、直輸入の自社独自開発商品を倍増させてその専門売場を設置し、フランス本国の商品を前面に押し出すなど、日本の消費者の期待に応じてフランス風を強調するものへと変わっていった。つまり、フランス・イメージの日用雑貨コーナー、フランスのブランドを取り入れたアパレルの売場や輸入食品コーナーなど、日本の一般的なスーパーでは見かけられない商品を数多く揃えるようになった。日本の消費者が期待するフランス・テイストを強調しながらも、日本ならではの催事企画を取り入れるなど現地化をはかる姿勢も堅持した（写真14-1）。

　当時、カルフールが出店していた30ヵ国の店舗のなかで「フランスらしさ」を強調して対応していた国は日本だけだった。日本の消費者にフランスらしさを訴えることは、フランス本国と一致した店舗コンセプトの日本での展開を意味するわけではなく、外国企業であることに由来した進出先国での競争上の強みを活かすこと

❖ 第4部　グローバル競争の場としての日本

【写真14-1　フランス・イメージの日用雑貨コーナー】

（写真：筆者撮影）

を意味する。類似した店舗コンセプトを展開する地元の小売企業が多数ひしめく日本のような市場において、「本国らしさ」を強調することは、競争優位を獲得するための国際小売企業の現地化戦略のひとつと考えられる。

　日本に進出し、試行錯誤の繰り返しのなかで売場の弱点の補強に努めてきたカルフールのスタンスは、現地型モデルをつくり上げる適応化プロセスで避けて通ることのできないものである。また、外国企業としての特異な市場地位を見つけ出すことは、地元企業との差別化をはかる戦略行動と判断される。

❖ 品揃えの薄さとカルフールの撤退

　2000年ごろから、競争の激化や売上げの減少が顕著になっていった日本の小売産業。消費者はより安価でありながら、目新しいものを求めるようになっていった。この日本の消費者の志向は、カルフールが成功をおさめてきた他のアジア諸国の消費者の志向とは異なっている。

　そこでカルフールは日本において、本国であるフランスのテイストを醸し出すために加工食品分野にフランス・コーナーを設置し、フランス製のジャムやビスケット、クッキーなどの自社独自開発商品を並べた。もちろん消費者にとって斬新な商品の直輸入は、カルフールが得意なぶん、日本人の消費者に好評だった。

しかし日常的に食べるもの、とりわけ生鮮食品へのカルフールの対応は依然として不足していた。鮮度の高い生鮮食品を購入するために、週２〜３回の頻度で来店することが多い日本の消費者には、カルフールの品揃えは異質であった。実際に、魚売場は魚種もアイテム数も少なく、陳列や販売方法にも問題があったと指摘されている。

　フランスらしい特色のある商品が並べられても、日本では毎日が洋食生活ではないため、本来の日常の商品が安くならないと、多くの消費者が日常的に足を運ぶようにはならない。結局、カルフールは食品主体のスーパーにとっての日々の売上げの基軸となる基礎的商品の販売に失敗してしまった。それは、基礎的商品としての生鮮三品やグロサリーを重視せずに、もっぱら周辺商品に力を入れすぎた結果であった。

　カルフールは日本の小売企業にはない差別的小売ノウハウをもっていたにもかかわらず、その強みを生かし切れず、食品の売上げを最後まで十分に伸ばすことができないまま、進出後５年で日本から撤退することになった。

3　コストコの日本市場進出

❖ 成功が疑問視されていたコストコ

　1999年４月に福岡市郊外の久山に第１号店を開店したコストコ・ホールセール社は、アジア統括拠点をシンガポールから日本に移し、日本における事業展開を本格的に開始した。アメリカ合衆国を本国とするコストコの日本市場への参入については、当時の日本の大型総合スーパーが低迷状態にあったことや、日本では大容量の商品のまとめ買いのニーズが少ないことなどから、当初は成功が疑問視されていた。

　しかしコストコは、低価格で魅力ある商品をまとめ買いするという、当時の日本では潜在的だったニーズを掘り起こしながら、日本市場においても環境適応力を発揮してきた。コストコは、日本における商品調達、品揃え、運営上のオペレーション、会員の獲得など、会員制ホールセール・クラブを運営するうえでの課題をクリアしながら、日本全域に25店舗を展開している（2016年５月現在）。当初は、日

❖ 第4部　グローバル競争の場としての日本

本の商慣習にそぐわないという理由で、コストコとの直接取引に消極的だった日本のメーカーも、今では多くが直接配送を行うようになり、卸売業者を経由する取引は徐々に減少してきている。

❖ 独自の店舗コンセプトと魅力のある品揃え

　コストコ独自の店舗コンセプトは、コンクリートの床に鉄のラック、約3,500〜4,000アイテムに絞り込んだ商品構成、パレットで天井まで積み上げる単品大量陳列、業務用ともいわれる商品のサイズ・容量、そして圧倒的な低価格販売でつくりあげられている。このコンセプトにあった日本の消費者に受容されたことがコストコの成功の一因だと考えられる。

　コストコの日本での強さの源泉はそれにとどまらない。アメリカの大量購買スタイルを持ち込むためにコストコは、自社独自で開発した商品の良さを認知してもらうために、試食販売専門の特別部隊を独自に備えている。

　日本市場に参入したコストコが、当初日本市場で直面した問題は、コンビニエンス・ストアと変わらないようなアイテム数の少なさであった。たとえば、日本の総合スーパーが1カテゴリーに数十アイテムの商品を扱うのに対して、コストコは1カテゴリーに1〜2アイテムに商品を絞り込んでいる。また、業務用や大容量サイズ商品のまとめ買いは、それを置いておくスペースが広くない日本の家庭には量が多すぎると思われた。それでもコストコは、あえて繰り返し訪れるほどの魅力のある店舗なのかが疑問視されていたのである。

　しかし時間がたつにつれて、コストコは商品の質も良く、価格が安いという理解が日本でも進み、販売単位が大きくても購入してもらえるようになっていった。日本よりも早く進出していたロンドン、台北、あるいはソウルなどでも、進出当時の販売状況は振るわなかった。コストコは、ユニークな店舗コンセプトであるぶん、消費者が慣れるまでに時間を要するのである。

　コストコは陳列する商品をメーカーのトップ・ブランドと自社開発の独自ブランドに限定し、質の両立をはかっている。「カークランド」というコストコのPBの品質は、メーカーのブランドと比べて勝るとも劣らない。だが、カークランドは価格も安い。そのためにカークランドは現在では、日本の消費者にも受け入れられている。

> **Column14-1**
>
> ### 日本の伝統的な購買習慣「小口当用買い」
>
> 　コストコは、日本の平均的な家庭のスケールとそのニーズをまったく無視したかのような大容量パックとバンドル販売を行っている。当初は、このような販売方法では、それがいくら安価でも日本の消費者に広く受け容れられるとは思われていなかった。
>
> 　そもそも日本の一般家庭には、購入した商品をストックしておくスペースが広くなく、食品に関しては鮮度を重視した購買を行う。そのため日本では、さしあたり必要な分だけ少しずつ購買する「小口当用買い」の習慣が定着している。日本人の常識からすると、コストコの売場の商品に対して「こんな量が食べられるか」「誰が買うのだろうか」「こんな大容量のパックで売れるのか」などの疑問が浮かんでくるのは当然であろう。
>
> 　しかし、実際には、日本の一般消費者はコストコの大容量の商品に対して高い購買意欲を見せた。コストコの売場には、他社にはない、コストコならではの「宝物」の商品がたくさん陳列されていたからである。この宝物に気づけば、大容量の商品は、親戚や友人などの仲間で分ければよいわけで、消費者は購買習慣を変化させる。購買習慣は、適応の対象であると同時に、創造の対象でもある。

❖ 一貫した店舗コンセプトの追求と消費者購買行動の変化

　コストコはグローバル小売企業として、世界中で確固とした一貫性のある事業展開をしている。コストコは、地球全体を単一の市場と考えて、どこにおいても同一の優れたシステムで、他の小売企業の店舗では絶対に買えないコストコ独自の魅力的な商品を販売している。全世界をベースとするため、規模の経済やスピードの経済（本書Column 9-2参照）により、相対的にコストは低くなり、低価格の魅力ある商品を提供できる。

　カルフールに先だって日本市場へ参入したコストコであったが、第1号店の久山店に対しての日本のマスコミや流通専門誌、業界関係者の評価は、厳しいものだった。というのも、会員制ホールセール・クラブの大きな特徴である、会員のみの来店と、大量のまとめ買いについて、日本の消費者にはなじまないと、多くの日本の

識者が考えたからである。実際に当時は、類似の業態であったダイエーのコウズも姿を消しており、さらにそれまでに日本に参入してきた外資系小売企業も失敗の連続だった。その否定的な評価どおりに、コストコの当初の売上げは予想以上に伸びず、初年度の目標であった年間売上げの7割前後の水準しか確保できなかったといわれている。

しかし開業後の1年間、コストコは店舗コンセプトを崩さなかった。会員制ホールセール・クラブの基本原則を徹底的に守るコストコのぶれない姿勢は、日本市場で本格的なディスカウント・ストアの確立のために試行錯誤を繰り返していたカルフールのそれと比較すると興味深い。

コストコは、まとめ売りと常時安売りを定着させるために、店舗の基本コンセプトに沿って、売れ筋商品への入れ替えを進めていくことで、着実に成果をあげていった。そのなかで、コストコが異質な日本市場において自社独自の開発商品の魅力と安さを認知してもらうために導入したのが、試食を企画する特別部隊（Club Demonstration Services、以下CDS）であった。

試食については多くの日本の小売企業が、ひんぱんに店頭で行っているが、通常は、メーカーが派遣したスタッフ ― いわゆるマネキンが、実施することが多い。本当に効果的なデモンストレーションを行うためには、マネキンも一定の商品知識などを有している必要がある。しかし、一般にマネキンは特定のメーカーの専属で

【写真14－2　コストコの試食販売】

（写真：筆者撮影）

はないため、商品の特徴などをどの程度理解しているかは、事前の研修による。CDSの場合は、コストコの専属マネキンであり、同社の独自開発商品についての専門的知識、デモンストレーションについてのノウハウなどが蓄積されるため、より効果的な試食が可能になる（写真14-2）。

4 日本市場でのグローバル小売

❖ チェーン・オペレーションと標準化—適応化問題

　小売企業のグローバルな成長戦略のひとつの基軸は、国内だけでなく、海外においても標準化された店舗を多店舗化することにより、大量販売と大量仕入れを可能にすることである。このようなチェーン・オペレーションをグローバルに実現することができれば、大量仕入れの規模が一段とスケールアップし、さらなる仕入れコストの節約につながるとともに、その回転のスピードが増す。

　しかし、国内市場におけるチェーン・オペレーションと、海外市場におけるそれとはかなり違う。なぜなら、国内におけるチェーン・オペレーションではさほど問題にならなかったことが、海外におけるチェーン・オペレーションでは問題となるからである。それは、本書の第7章で見た「標準化—適応化」という問題である。

　国内で小売企業が事業展開する場合には、ある特定の店舗コンセプトが決まると、標準化した店舗を一気に展開することで規模の経済などを実現できる。しかし海外での事業の場合は、標準化戦略を駆使して規模の経済などを達成しようとすると、異なる環境への適応化という問題が、その行く手に立ちはだかることになる。特に小売企業のように現地の日常生活と密着した事業を行う企業では、この問題が顕在化しやすい。

　グローバル小売企業では、現地に適合した現地型モデル（図表14-1）がつくり出されてはじめて多店舗展開が可能となる。現地型モデルを確立しながら、多店舗展開していくプロセスをうまく通り抜けないかぎり、国内におけるチェーン・オペレーションから海外におけるチェーン・オペレーションへの飛躍は難しい。

　カルフールは、日本型の現地型モデルをつくり出すには至らないまま、激しい競争のなかで、適応化戦略に傾注していった。日本の流通環境に適した日本型の小売

❖ 第4部　グローバル競争の場としての日本

> **Column14-2**
>
> ## グローバル小売企業における「権限委譲」の問題
>
> 　近年の小売企業では、現場と本部の垣根は低くなりつつある。店舗の現場で働いている人が提案した内容が、本部の施策に反映されるケースは増えている。なぜなら、小売企業の店舗は消費者と直接向き合える場所であり、商品の販売動向をいち早く把握できる場所でもあるからである。
>
> 　グローバル小売企業にとって、意思決定の権限を本社から海外の子会社にどこまで委譲するかは重要な問題となる。現地市場の情報は本社から見るとブラックボックス的なものが多く、現地子会社の現地人スタッフに任せたほうが意思決定はスムーズになる。また、現地スタッフは重大な意思決定を任されることで、仕事に対する真剣な姿勢や創意工夫など、モチベーションを高めることになる。
>
> 　しかし、権限委譲の問題以前に重要なのが、本国の店舗コンセプトやシステムや商品の競争優位がどこにあるかを、現地子会社のスタッフがきちんと理解していることである。ここが揺らぐと、現地への権限委譲は、自社の強みを見失った行動を引き起こすことにつながりかねない。そのためには、自社の競争上の強みを明確化し、それに準ずる店舗運営のマニュアル化を進める必要がある。
>
> 　カルフールの例では、店舗運営がきちんとマニュアル化されておらず、競争上の強みが日本の現地スタッフに必ずしも理解されていなかったのではないかと思われる。対照的にコストコでは、日本の現地スタッフに競争上の強みが理解されていたため、現場での創意工夫が有効なイノベーションとなり、グローバルに一貫したシステムを日本市場に移植することに成功したと見ることができる。

の現地モデルをつくり上げるためには、現地に合った戦略商品、品揃え、価格戦略、そしてオペレーションが必要である。日本はアジア市場のなかでも流通システムが高度に発達しており、競争関係も特殊だったにもかかわらず、カルフールはアジア市場への参入経験にもとづいた戦略をそのまま日本市場に持ち込んだ。カルフールは参入して数年が経っても、日本市場での品揃えや価格戦略についての試行錯誤からの競争上の強みを確立することができず、5年後には撤退を選択した。

　ここで注目すべきことは、カルフールとコストコの2つのケースのいずれもがチェーン・オペレーションにもとづく成長を志向していることである。とはいえグローバル小売企業が、参入後の海外市場の激しい競争のなかで差別化を実現するには、標準的な店舗コンセプトは残しながらも、いかに現地への適応化を実現してい

【図表14−1　グローバル小売企業の現地型モデル】

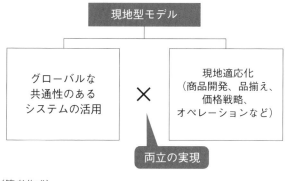

（筆者作成）

くかが、生き残りのカギとなる。そこで、両者を両立させる現地型モデルができあがると、現地においても標準化された店舗を一気に多店舗展開できるようになる。

しかし、この現地型モデルのなかにもグローバルな共通性をもった何らかのシステムが活用されていなければ、グローバル小売企業ならではの規模の経済などの獲得は実現しない。グローバルなチェーン・オペレーションの確立には、標準化か適応化かの、いずれかを選択するのではなく、両者をすり合わせ、両立させていくことが重要なのである。

❖ 現地消費者との相互作用と需要の創造

以上では、グローバル小売企業が本国市場で確立した店舗コンセプト、ノウハウ、オペレーション、システム、あるいは商品などをそのまま現地市場に移転する（＝標準化）べきか、それとも現地市場の環境に合わせて部分的に修正する（＝適応化）べきかという枠組みで、その進出行動を分析してきた。以下ではグローバル小売企業が直面する現地の消費者需要との相互作用を通じて、新しい需要の創造が起こることについて考えてみよう。

先端的グローバル小売企業が、一方的に後進的な国の消費者の需要を操作するということはありえない。どのような国や地域の消費者需要であっても、小売企業はそれに適応しなければならない。

需要を創造するためには、価格を引き下げて需要を拡大する方法もある。だが小売企業は、非価格面での消費者へのはたらきかけ、すなわち、楽しい売り場づくり

による需要の刺激も追求するべきである。

カルフールは日本市場から撤退してしまったものの、カルフールが持ち込んだヨーロッパの食文化やその独特なプロモーションは、日本の消費者にも好意的に受け止められた。コストコは、大量の購買という独自なコンセプトを揺らすことなく、日本市場において、それまでに顕在化していなかった需要を掘り起こし、日本の消費者のあいだに根づかせていった。コストコの日本市場への参入は、「小口当用買い」という従前からの日本の消費者の購買行動パターンに変化を生みだした。カルフールとコストコの違いは、「適応化」をいかに「標準化」と両立させるかの取組みにあったといえる。

5 おわりに

日本に海外から進出してきたグローバル小売企業の多くは苦戦を続け、撤退する企業も現れている。ところが、アメリカ合衆国から進出してきたコストコは、激しい同質化競争から抜け出て、差別的な品揃えと独自の販売方法で新たな需要を創りだすことに成功した。コストコの提供する店舗コンセプトやシステムや商品と、日本の消費者の購買行動とのギャップを埋める創造的適応が、そこでの成功のカギとなっている。

本章で取り上げた欧米の食文化とその販売方法は、カルフールやコストコをはじめとする。グローバル小売企業によって、日本市場に新しい購買や生活のスタイルを生み出している。コストコが本国市場から日本市場に持ち込んできた商品や販売方法は、当初は日本の消費者に受け容れられず、苦戦を強いられていたが、創造的適応により成長軌道へと転じた。小売企業のグローバル化は、絶えざる現地型モデルの創造への取り組みから拡大していくのである。

? 考えてみよう

1. スーパーマーケット産業以外に日本に参入してきた外国の流通企業を取り上げ、その現地化行動の違いについて考えてみよう。
2. 日本の小売企業が進出している国を取り上げ、その市場の特徴やそこでの日系小売企業の国際展開について調べてみよう。
3. 小売企業の国際展開が現地市場にもたらす影響について考えてみよう。

次に読んでほしい本

川端基夫著『小売業の海外進出と戦略』新評論、2000年

向山雅夫、崔相鐵編著『小売企業の国際展開』中央経済社、2009年

向山雅夫、ジョン・ドーソン編『グローバル・ポートフォリオ戦略：先端小売企業の軌跡』千倉書房、2015年

矢作敏行著『小売国際化プロセス』有斐閣、2007年

第15章

グローバル企業の日本市場参入

1 はじめに
2 日本市場におけるコカ・コーラの事業展開
3 グローバル企業にとっての日本市場
4 外資系企業の貢献とイノベーション
5 おわりに

❖ 第4部　グローバル競争の場としての日本

1 はじめに

　グローバル化の動きは、日本の国内市場でも進む。本章では、海外の企業が日本で製品やサービスを販売したり、日本に子会社などを設立（対日直接投資）したりする際に、どのような問題に直面してきたかを振り返る。

　日本に住む私たちが、当然と考える習慣や価値観も、海外では必ずしも同様ではない。こうした違いや、流通制度などのビジネス環境の特殊性などが、海外の企業が日本市場に参入する際の非関税障壁（＝関税以外の海外からの参入障壁）となる。

　海外から参入し、日本市場で活躍するのは、どのような企業なのだろうか。そして、こうした海外の企業の日本市場への参入は、日本で暮らす私たちに何をもたらしているのだろうか。

2 日本市場におけるコカ・コーラの事業展開

❖ 日本コカ・コーラの沿革

　アメリカ合衆国のジョージア州・アトランタに本社を置くザ・コカ・コーラ・カンパニーは、1892年に設立され、現在では世界の200を超える国や地域で事業を行う。コカ・コーラは、年間売上げ10億ドル以上のブランドを16ほど保有し、世界でもっともブランド価値の高い企業のひとつとされる（本書Column10-1参照）。

　コカ・コーラの日本進出は早く、1957年には日本法人が設立されている（以下、この日本法人は「日本コカ・コーラ」と記す）。日本コカ・コーラの事業の強みのひとつは、アメリカ本国にもない規模の巨大な自動販売機ネットワークを日本国内に展開していることである。現在、日本国内には清涼飲料の自販機が約220万台設置されているが、（2014年現在）日本コカ・コーラはそのうち98万台ほどを管理している。

　日本コカ・コーラのビジネスの仕組み（「コカ・コーラ・システム」）は、日本コカ・コーラの競争力の源泉である。コカ・コーラ・システムとは、同社が構築して

第15章　グローバル企業の日本市場参入

【写真15-1　外国人通行客の多い区域に設置された自販機（上部に9か国語の標記）】

（写真：筆者撮影）

きた独自のサプライ・チェーンであり、原液の供給、製品開発、そしてプロモーションなどを担当する日本コカ・コーラ、そして北海道から沖縄までの各地域での製造、物流、販売などを担当するコカ・コーラのボトラー各社、および関連会社などによって構成されている（図表15-1）。

【図表15-1　日本コカ・コーラのビジネスの仕組み】

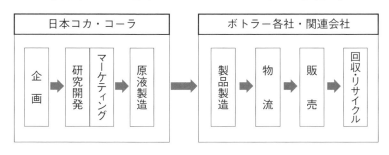

（筆者作成）

日本市場への参入初期の状況と苦労

コカ・コーラの日本市場への参入は、第2次世界大戦後の間もない時期からはじまる（多田和美『グローバル製品開発戦略』有斐閣、2014年、村山貴俊『ビジネ

第4部 グローバル競争の場としての日本

【写真15-2 専売品のコカ・コーラが期間限定で市販（戦後の統制期）】

(写真提供：毎日新聞社/アフロ)

ス・ダイナミックスの研究』まほろば書房、2004年)。当時の日本は戦後の混乱期にあり、企業の経済活動は国の統制下にあった。そのためにコカ・コーラは、原則として、一般の消費者に販売することはできず、駐留米軍向けだけに販売が許されていた（例外的に1949年に、アメリカ合衆国のプロ野球球団サンフランシスコ・シールズと日本のプロ野球球団の対戦期間中に1本50円で市販された。写真15-2)。

その後、経済統制は徐々に解除されていくが、贅沢品とみなされていたコカ・コーラの原液の輸入には、日本政府の外貨割当て（輸入代金の決済に必要となる外貨の割当て）の許可がなかなか下りなかった。しかし、日本経済の復興を前にコカ・コーラは、1957年に日本法人を設立し、本格的に日本市場に参入する。

原液輸入のための外貨割当ての目途はなんとかついたものの、コカ・コーラの参入を阻止したい日本の業界団体などによる、政治家も巻き込んだ反対運動が繰り拡げられた。その結果、販売場所や販売価格、宣伝方法などの制約条件がつけられて、外貨割当てが認められた。

❖ 日本コカ・コーラの戦略

外貨割当の制約に対して日本コカ・コーラは手をこまねいていたわけではなく、ある戦略を練っていた。それは、コカ・コーラの代替品として、外貨割当てを必要としない（日本で原液生産が可能な）「ファンタ」を展開するという作戦である。

第15章　グローバル企業の日本市場参入

日本コカ・コーラは3種類のファンタを、当時の日本では馴染みのなかったサンプリング手法（試供品を無料配布するプロモーション手法）を用いながら1958年から市場導入し、販売を拡大していった。雪印乳業、森永乳業、明治乳業、日本セブンアップ飲料などが同種の飲料を新たに発売したこともあり、フレーバー炭酸飲料という新しい市場分野が日本に確立していった。現在のコカ・コーラ・システムの原型ができあがったのも、この時期である。

日本人の所得の向上や生活の洋風化、さらに欧米文化への憧れなどが追い風となり、清涼飲料や炭酸飲料の日本における販売量は拡大した。1970年に日本コカ・コーラは、炭酸飲料のニーズの高まりを受けて、アメリカ本社の製品の「スプライト」を日本市場に導入している。

❖ 日本人トップの誕生と独自製品の開発

1971年に日本コカ・コーラでは、初の日本人社長となる岩村政臣氏が社長に就任する。この人事は、日本社会への融和と経営の現地化をさらに進展させるものである。

その後、日本コカ・コーラでは独自の製品が数多く開発されていく。コーヒー飲料の「ジョージア」（1975年）、スポーツ飲料の「アクエリアス」（1983年）、緑茶飲料の「綾鷹」（2007年）、ミネラルウォーターの「い・ろ・は・す」（2009年）などである。これらの製品は、後に日本以外の国や地域でも販売されるようになっていく。

とはいえ、コカ・コーラのようなグローバル企業が、個別のローカル市場で独自の製品を開発することは、あまり一般的ではない。その理由のひとつは、グローバル展開することのメリット（規模の経済やグローバル・ブランディングの一貫性など）を享受できないことにある（詳細は、本書第7章、第9章、第10章参照）。

では、日本で何が起きたのか。契機となったのは、コーヒー飲料の「ジョージア」の開発とされる。

❖ 缶コーヒーの苦い経験を活かした開発体制

1970年代の前半、日本独自の発展を遂げる缶コーヒー市場に、日本コカ・コーラは出遅れていた。世界に類のない缶コーヒーという製品を、UCC上島珈琲が

❖ 第4部　グローバル競争の場としての日本

1969年に販売して以来、日本の缶コーヒー市場は1970年からの5年間で20倍強に急成長をとげ、50を超えるブランドがひしめく一大市場に育っていた。

　この有望な市場を前に、日本の各地のコカ・コーラのボトラーは、商機を逃さないように、缶コーヒーの開発を強く要望した。しかしアメリカ本社は、品質保持の課題や、ブランド・イメージを毀損するリスクを指摘し、消極的な姿勢だったといわれる。

　しびれを切らした日本のボトラーのなかには、他社と提携するなどして、独自に缶コーヒーを販売するものも出てきた。この状況を見て、日本コカ・コーラはアメリカ本社の反対を押し切り、缶コーヒーの自主開発に乗り出す決断をする。

　こうして生まれたのが、日本コカ・コーラから1975年に発売された缶コーヒーの「ジョージア」である。ジョージアは、現在では日本コカ・コーラの主力製品に育ち、他国でも販売されている。その後は、ジョージアにかぎらず、日本で開発されたさまざまな飲料が、世界の国や地域で愛顧され、グローバルなコカ・コーラの主力製品に育っていくことになる。

3　グローバル企業にとっての日本市場

❖ 外資系企業が日本市場で直面する課題

　コカ・コーラだけではない。多くのグローバル企業が、参入時の苦労を乗り越えて、日本市場での現在の地位を築いている。

　洗剤や化粧品などの生活用品を世界約70ヵ国以上で販売するグローバル企業のP&Gも、日本市場への参入時には苦戦している。第7章で見たように、P&Gが日本での営業を開始したのは1973年のことである。それ以降、P&Gは、多くの国や地域で成功した製品やマーケティング手法を、日本に次々と導入した。しかし、日本市場では10年以上も業績が低迷する結果となった。

　グローバルな市場参入にあたっては、各国の政府の外資政策や市場開放政策が大きく影響する。巨大グローバル企業に対する現地企業や住民の反発や警戒心が、政治運動へとむすびつくこともある。さらには、流通制度や取引慣行などのビジネス環境のあり方、そして生活文化や生活者の嗜好も国や地域によって異なることが少

なくない。こうした環境の異質性を踏まえると、新たな国や地域への参入にあたっては、標準フォーマットを画一的に適用するだけでは限界があり、現地に適応化した製品やサービス、あるいは流通チャネルを開発することが大切となる。

これらの市場参入の課題は、日本でのコカ・コーラの経験にも当てはまる。そのほかにも、日本という市場では、消費者の選択眼が厳しく、高コンテクスト文化（本書Column 3-1参照）を踏まえたコミュニケーションが必要となるとの指摘もある。

❖ 拡大が続く外資系企業の事業展開

では、近年の日本における外資系企業の活動は、どのような状況にあるのだろうか。外資系企業とは、外国資本との関係が深い企業のことを指すが、明確な定義はない。経済産業省や日本貿易振興機構などの調査では、「外国投資家が株式又は持分の3分の1超を所有している企業」との定義を採用している。

日本での外資系企業の活動状況を、対日直接投資残高で見ると、2000年（末）の6兆円から2014年の23兆円へと3.8倍に拡大している。GDPに対する比率については、2014年で4.8％である（日本貿易振興機構「ジェトロ対日投資報告2015」）。

このように、日本における海外からの直接投資は、近年では拡大傾向にある。とはいえ、同年のデータをもとに国際比較をすると、対GDP比率でイギリスが56.5％、アメリカ合衆国が31.1％、フランスが25.6％と、先進各国における海外からの直接投資残高比率は日本を大きく上回る。またアジア各国と比べても、韓国が10.5％、中国が10.5％と、日本の直接投資残高は大きいとはいえない。

日本における外資系企業の事業成果についても、概況を確認しておこう（「第49回外資系企業動向調査」2016年）。2014年度の売上高経常利益率を見ると、日本国内の全企業の平均が4.5％であるのに対して、外資系企業は6.8％である。親会社の母国籍別にみると、米国企業が10.7％、ヨーロッパ系企業が7.5％、アジア系企業が3.4％である。今後の事業展開については、過半の外資系企業が、「事業の拡大を図る」（55.2％）と回答するなど、全般的には、現在の日本国内での外資系企業の事業は、順調に推移していることがうかがわれる。

❖ 第4部　グローバル競争の場としての日本

❖ 外資系企業から見た日本市場

　外資系企業の目には、近年の日本のビジネス環境は、どのように映っているのだろうか。経済産業省の「第49回外資系企業動向調査」（2016年）によれば、外資系企業が挙げる日本のビジネス環境の魅力としては、「所得水準が高く、製品・サービスの顧客ボリュームが大きい」（63.0％）がもっとも多い。次いで多いのが、「インフラ（交通、エネルギー、情報通信等）が充実している」（49.2％）、「製品・サービスの付加価値や流行に敏感であり、新製品・新サービスに対する競争力が検証できる」（46.8％）、「グローバル企業や関連企業が集積している」（35.4％）である。

　反対に日本のビジネス環境の問題点としては、「ビジネスコストの高さ」（74.8％）の指摘がもっとも多い。次いで多いのが、「日本市場の閉鎖性、特殊性」（44.9％）、「製品・サービスに対するユーザーの要求水準の高さ」（43.5％）などである。なお、日本人の人材確保上の問題点としては、「英語でのビジネスコミュニケーションの困難性」（54.9％）が多い。

　外資系企業は、グローバルな事業展開のなかで日本をどのように位置づけているのだろうか。外資系企業のアジア・オセアニア地域における統括拠点をどの国・地域に設置しているかを見ると、シンガポールには339拠点、中国には278拠点、香港には227拠点となっている。これに対して、日本に統括拠点を置く外資系企業は、84社にとどまる。アジアのビジネスの中心地としての日本の魅力は、高いとはいえない状況にある。

　外資系企業のなかには、日本をR&Dの拠点とする企業もある。しかし、アジア各国がR&Dの拠点としての魅力を高めており、日本の相対的な地位の低下がここでも指摘される。

4 外資系企業の貢献とイノベーション

❖ 日本市場への外資系企業の参入促進

　日本への外資系企業の参入は拡大しているが、世界の先進的な国や地域との比較では見劣りする。これは、地理的な問題に加えて、日本市場の政策的な開放が遅れたこと、また日本独自のビジネス慣行などが依然として残っていることなどが影響していると考えられる。

　近年の日本国政府は、これらの障壁を取り除き、日本市場への外資系企業の参入

Column15－1

政府の対日投資促進

　日本の産業力の強化をはかり、経済成長を高めるために、日本国政府は対日投資促進に注力している。政府は、海外から見た日本の魅力を高めるために、「外国企業の日本への誘致に向けた5つの約束」を決定し、2015年度より新たな取り組みを進めている。

① 1つ目の約束：スーパーやコンビニなどの商業施設、病院、公共交通機関の利用者に、外国語で対応できるようにする。
② 2つ目の約束：訪日外国人が、無料公衆無線LANを簡単に利用できるように、環境整備を進める。
③ 3つ目の約束：外国企業のビジネス拠点や研究開発拠点の日本への立地を容易にするため、すべての地方空港において短期間の事前連絡でビジネスジェットを受け入れる環境を整備する。
④ 4つ目の約束：海外から来た子弟の教育環境の整備をはかり、日本で教育を受けた者が英語で円滑にコミュニケーションが取れるようにする。
⑤ 5つ目の約束：日本に大きな投資を実施した外国企業が、政府と相談しやすい体制を整えたり、対日投資誘致を行うネットワークを形成したりする。

（対日直接投資推進会議「外国企業の日本への誘致に向けた5つの約束」、内閣府、2015年）

❖ 第4部　グローバル競争の場としての日本

をうながす政策をとっている（Column15-1参照）。この政策には、以下のようなねらいがある。

　第1に、外資系企業の参入は、日本の経済成長に貢献する。訪日外国人観光客の増加が消費拡大に貢献するように、対日投資は日本における投資と雇用の拡大に貢献する。また、日本に参入してくる外資系企業は、海外の企業のなかでも「スター選手」であり、生産性向上などさまざまなメリットを日本国内にもたらす。

　第2に、外資系企業が、多様な文化や価値観、思考方法、技術やノウハウ、そしてビジネスシステムなどを日本に持ち込むことは、国内のイノベーションの活性化につながる。とはいえ、少子高齢化の進む日本の国内市場においては、大きな需要拡大は見込めない分野が多い。そのなかにあって、産業力の強化と日本企業の競争力を高めるためにも、海外の企業から見ても魅力ある日本市場を形成する必要がある。

❖ 外資系企業がもたらすイノベーション

　海外から参入した企業が、日本にもたらしたイノベーションは少なくない。以下では、市場創造と、組織変革の2つの局面に分けて、外資系企業がもたらした主要なイノベーションを振り返ってみよう。

　第1は、市場創造である。外資系企業は日本において、それまでになかった市場を次々とつくり出してきた。たとえば、コーラ飲料、高級アイスクリーム、紙おむつ、コンピュータ、複写機、がん保険など、海外からの参入した企業によって、さまざまな新しい市場が誕生してきた。

　スターバックスやトイザらスも、その一例だといえる。スターバックスの参入によって、それまでの日本にはなかった、スペシャルティ・コーヒー・ショップの文化が生まれた（本書第11章参照）。スターバックスが開店して以降、日本でも、リラックスしてコーヒーなどを楽しむサードプレイス空間（職場、家庭に次ぐ第三の場所）が、次々と誕生し始めた。

　トイザらスは、玩具の品揃えに特化した新しい小売業態を日本に持ち込んだ。トイザらスの参入は、1990年代以降に活発化したグローバル小売企業の日本市場への参入（本書第14章参照）の先駆けでもあった。

　第2は、組織変革である。外資系企業によって日本への導入が進んだ制度としては、週休2日制、能力主義賃金体系、ブランド・マネジメント、ダイバーシティー

第15章　グローバル企業の日本市場参入

> **Column15−2**
>
> ## 日本市場で成功するグローバル企業の特徴
>
> 　コカ・コーラやP&Gだけではなく、伝統的なグローバル企業の多くは、1980年代までに日本市場への参入を試みている。これらのグローバル企業の日本市場への参入については、その成功要因を分析した優れた研究がある（吉原英樹、和田充夫、石田英夫、古川公成、高木晴夫、鈴木貞彦『グローバル企業の日本戦略』講談社、1990年）。
>
> 　この研究において見いだされたのは、現代のグローバル・マーケティングにも通用するポイントである。日本市場に限らない海外の市場で企業が事業を拡大していくためには、本国親会社の理念や戦略、そして強みとなる経営資源を踏まえつつ、現地市場の特性に応じたビジネスが展開できるように一定の権限を現地の子会社や拠点に付与し、コミュニケーションを密にしなければならない。そのためには、以下の要件を満たすように努めることが重要となる
>
> ①　本国親会社が、国際的に通用する理念をもっている。
> ②　本国親会社が、競争力の源泉となる企業独自の技術やブランドを有している。
> ③　現地の子会社や拠点の位置づけと役割が明確になっている。
> ④　本国親会社と現地の子会社や拠点との意思疎通がよく、本国親会社が現地市場の特性と現状をよく理解している。

経営（人材の多様化政策）、そしてサクセッション・プラン（次世代リーダ育成）などが挙げられる。これらの制度については、外資系企業を研究し尽し、現在では自社内に導入済みという日本企業も少なくない。

　以上のように、海外の企業の参入を通じて、日本のなかに新しい競争環境とイノベーションが生みだされてきた。優れた外資系企業の参入は、日本の産業にとっての脅威であると同時に、経営革新の機会としても機能してきたのである。

5　おわりに

　本章では、海外の企業が、日本市場への参入にあたって直面する課題を確認して

❖ 第4部　グローバル競争の場としての日本

きた。日本市場への参入にあたって、計画どおりの売上げを達成できず、撤退の危機に見舞われるグローバル企業は少なくない。たとえば、グローバル家具小売企業のイケアも、1974年に一度日本市場に参入したが、売上げが思うように伸びずに撤退を余儀なくされたが、2006年に再度日本市場に参入してきている。

　グローバルな市場参入にあたっては、各国の政府の政策が大きな影響を与える。加えて、流通制度や取引慣行、生活文化や生活者の嗜好、そして主要な競合企業など、ビジネス環境のあり方は国や地域によって異なる。

　日本においても、これらの影響は無視できない。そのなかで近年の日本国政府は、外資系企業の日本市場への参入をうながす政策をとっている。これらの政策は、外資系企業の参入は、日本の経済成長に貢献するとともに、日本の産業のイノベーションの活性化にもつながるとの認識にもとづいている。

❓ 考えてみよう

1．外資系企業が提供している製品やサービスの中で、日本人の生活を豊かにしたあるいは便利にしたものを調べてみよう。
2．日本で活躍する外資系企業を数社ほど選んで、どのような経緯で日本市場に参入したのかを調べてみよう。また、どのような苦労をしたのか、それをどのように克服してきたのかについても調べてみよう。
3．外資系企業の参入を促進するために、日本国政府（また地方自治体）としてどのような取り組みをしているのかを調べてみよう。

次に読んでほしい本

多田和美著『グローバル製品開発戦略：日本コカ・コーラ社の成功と日本ペプシコ社の撤退』有斐閣、2014年
吉原英樹著『国際経営（第4版）』有斐閣、2015年

索 引

■ 数字・アルファベット ■

Airbnb（エアービーアンドビー）……… 6
CAGE……………………………… 40
D. A. ヒーナン、H. V. パールミュッター
　………………………………………… 24
D. アーカー………………………… 139
D. リカード………………………… 15
E. ホール…………………………… 41
E-P-R-Gプロファイル……………… 24
EOS Kiss……… 76, 77, 78, 79, 80, 82, 84, 85
EOS REBEL…………………… 77, 80
eコマース……………………… 13, 14
iPod………………………………… 83
ITC………………………………… 51
J. M. ストップフォード…………… 28
J. ギャンブル……………………… 92
K. ヘルセン……… 12, 23, 100, 125, 128, 129
L. T. ウェルズ……………………… 28
LIXIL……………………………… 116
M&A…………………………… 115, 116
M. E. ポーター…………………… 84
MOSHI MOSHI BOX……………… 8
P. コトラー…………………… 72, 178
P. ゲマワット……………………… 40
P&G…………… 92, 93, 94, 95, 96, 97, 206
PB………………………………… 192
S. サラスバシー………………… 178
STPマーケティング……………… 82
SWOT分析………………………… 100
T. コーエン………………………… 16
ThinkとFeel……………………… 168
T. レビット………………………… 41
UCC上島珈琲…………………… 205
VIERA……………………………… 22
W. プロクター…………………… 92
4つのP………………………… 42, 101

■ あ 行 ■

アイボリー………………………… 92
アクエリアス………………… 42, 205
味千ラーメン……… 106, 107, 108, 109, 110
アソビシステム……………………… 6, 8
アタック…………………………… 96
綾鷹……………………… 42, 102, 205
アリエール…………………… 95, 96
イケア……………………………… 212
石井淳蔵……………………… 9, 43, 99
イスラム教………………………… 37
委託生産…………………… 111, 114
1次資料…………………………… 53
井上達彦………………………… 127
い・ろ・は・す…………… 102, 205
岩村政臣………………………… 205
インターナショナル・マーケティング
　……………………………………… 25, 26
インターネットの普及……………… 14
インターブランド…………… 139, 140
インバウンド………………… 4, 5, 6, 8
ウォーターフォール・モデル……… 127
江崎グリコ……… 36, 37, 38, 39, 40, 43, 44
越境取引…………………………… 14
エヌ・エヌ・エー………………… 49
エフェクチュエーション………… 178
エブリデイ・ロープライシング……… 155
エレクトロラックス……………… 43
演繹的……………………………… iii
小野寺武夫……………………… 88

■ か 行 ■

会員制ホールセール・クラブ……191, 193, 194
外貨割当て……………………… 204
回帰分析…………………………… 70

❖ 索 引

外資系企業····207, 208, 209, 210, 211, 212
会場調査（CLT）····················55
外部化の経済······················127
花王······························96
価格設定の天井と床················150
カークランド······················192
加護野忠男························127
ガーナ共和国······················86
カルティエ························141
カルフール····102, 188, 189, 190, 191, 194, 196, 198
為替変動··························156
川端基夫··························113
棺桶······························86
感覚的訴求（Feel）················168
観光立国宣言······················4
缶コーヒー市場····················205
間接取引··························189
間接輸出····················25, 110, 111
完全所有子会社····················115
技術知識··························128
偽造品······················141, 154
キットカット······················99
帰納的····························iii
規模の経済····126, 127, 181, 193, 195, 197, 205
キヤノン············76, 77, 78, 79, 80, 82, 84, 85
きゃりーぱみゅぱみゅ··············8
競争分析··························100
共通プラットフォーム方式··········126
近代的流通························52
栗木契························9, 43, 178
グリコ・インドネシア··············36
クリスマス商戦····················39
クロス・セクション回帰分析········69
グローバル・アカウント・マネジメント（GAM）····················179, 180, 181
グローバル・ブランディング····135, 205
グローバル・ブランド····94, 109, 135, 137, 138, 140, 141, 166

グローバル・マーケティング····i, ii, iii, 4, 9, 10, 20, 21, 23, 24, 25, 27, 31, 93
グローバル・マーケティング戦略····97
グローバル・マトリックス組織····29, 30, 31
グローバル営業··················174
グローバル化········4, 9, 10, 11, 13, 14, 15, 93, 96
グローバル製品別事業部制····28, 29, 30
原産国効果······················142
高コンテクスト文化··········41, 43, 207
行動変数··························86
合弁（ジョイント・ベンチャー）····111, 115
黄燐····························99
コカ・コーラ········42, 102, 202, 203, 204, 205, 206
コカ・コーラ・システム············202
顧客価値··························55
顧客関係マネジメント··········174, 181
国際事業部························28
国際収支統計······················5
国際標準······················123, 124
国際貿易························110
国内マーケティング··············24
コストコ····188, 191, 192, 193, 194, 196, 198
コスト・プラス価格設定··········152
小田部正明（M. Kotabe）····12, 23, 100, 125, 128, 129
固定コスト······················153
コニカミノルタ····174, 175, 176, 177, 178, 179, 184
コールド・チェーン··············52

■ さ 行 ■

最低価格保証制··················189
坂田隆文························99
サブ・フランチャイジング········114
サプライ・チェーン········52, 102, 203

サルミアッキ······················· 83
サンフランシスコ・シールズ········· 204
サンプリング手法··················· 205
ジェイティービー····················· 5
ジェトロ·························49, 207
重光孝治··························· 107
重光産業········106, 107, 108, 109, 110
市場創造··························· 178
市場知識··························· 128
試食······························· 194
嶋口充輝························· 9, 43
自民族中心主義（ethnocentric）····24, 25
指名買い··························· 53
社会経済的変数····················· 86
写真調査··························· 57
ジャパンフード・ホールディングス· 108
集中化の経済······················· 127
ジョージア·············42, 102, 205, 206
新規開拓（グリーンフィールド投資）
································· 115
人口統計変数······················· 85
垂直立ち上げ······················· 22
スターバックス·········146, 147, 152, 210
スノーボール・サンプリング········· 57
スピードの経済············126, 127, 193
スプライト························· 205
スプリンクラー・モデル·········127, 128
世界一まずい飴····················· 83
世界同時発売······················· 22
世界ラーメン協会 World Instant
 Noodles Association（WINA）······· 50
セグメンテーション（市場細分化）····80,
 81, 85
想起集合··························· 132
組織間関係························· 182
ソフトバンク······················· 116

■ た 行 ■

大恐慌······························· i
ダイキン工業······120, 121, 122, 123, 124,
 126, 128, 129
タイド··························93, 94, 95
ダイナミック増分価格設定··········· 152
対日直接投資残高··················· 207
対日投資促進······················· 209
ダイレクト・フランチャイジング···· 113
ターゲット···················44, 79, 102
多田和美··························· 203
多中心主義（polycentric）············ 24
多様化セグメント··················· 83
チアー····························· 96
地域セグメント····················· 83
地域中心主義（regiocentric）········· 24
地域別事業部制···············28, 29, 30
チェーン・オペレーション······195, 196
チェンジ··························· 49
直接輸出·····················25, 111, 112
低コンテクスト文化··············41, 43
適応化······iii, 96, 101, 103, 125, 126, 171,
 190, 195, 197, 198, 207
デジュール・スタンダード··········· 124
デファクト・スタンダード··········· 124
デモグラフィック変数··············· 85
テラモーターズ····················· 30
トイザらス························· 210
統括拠点··························· 208
トップ····························· 96
ドトール··························· 146
豊田章男··························· 135
トヨタ自動車·····132, 133, 134, 135, 142,
 182
トレード・オフ····················· 169
どん兵衛··························· 86

■ な 行 ■

仲田祐一··························· 62
中村邦夫··························· 22
2次資料··························· 49
日清······························· 51
ネスレ··························51, 99

❖ 索 引

■ は 行 ■

爆買い･･････････････････････････････ 6
パナソニック･･････････ 20, 21, 22, 23, 26
ハラル･･････････････････････････ 37, 39
バリー･･････････････････････････････ 141
ハリー・ポッター･････････････････････ 166
範囲の経済･･････････････････････ 127, 181
比較広告･･････････････････････････････ 169
比較優位･････････････････････････ 15, 175
非関税障壁････････････････････････････ 202
ピジョン･･････････････････ 62, 63, 64, 65, 66, 72
ぴちょんくん･･･････････････････ 120, 121
ビックカメラ･････････････････････････ 6, 7
標準化･･････ 98, 99, 101, 102, 124, 125, 126, 128, 130, 166, 167, 169, 170, 171, 180, 195, 197, 198
比率連鎖法･･････････････････････････ 69
廣田章光･････････････････････････････ 99
ファンタ････････････････････ 102, 204, 205
藤澤武史･････････････････････････････ 88
プライスレス・キャンペーン･･･ 160, 161, 162, 163, 165, 170
フランチャイジング･･･････ 111, 112, 113
ブランド････ 39, 65, 77, 137, 151, 152, 177
ブランド資産･････････････････････････ 139
ブランド要素････････････････････ 137, 141
プロセス･･････････････････････････ 98, 102
文化の翻訳･･････････････････････････ 56
変動コスト･･････････････････････････ 153
貿易摩擦･････････････････････････ 21, 26
ポケモンGo･･････････････････････････ 166
ポジショニング････････････････ 44, 79, 102
ポッキー･･････････････ 36, 37, 38, 39, 40, 44
ボーングローバル企業････････････････ 30

■ ま 行 ■

マギー･････････････････････････････ 51

マクドナルド･･････････････････････ 36, 152
マーケティング･･････････････････････ 9
マーケティング・ミックス･･･ 42, 99, 102
マスター・フランチャイジング･･････ 113
マスターカード･････････ 160, 161, 165, 170
松下幸之助････････････････････････････ 20
マネキン･･････････････････････ 194, 195
マネージド・プリント・サービス（MPS）
　････････････････････ 175, 176, 177, 178
マルチドメスティック・マーケティング
　･････････････････････････････････ 26
民泊ビジネス･････････････････････････ 6
村山貴俊････････････････････････････ 203
モジュラー方式･･････････････････････ 126
諸上茂登･････････････････････････････ 88

■ や 行 ■

輸出マーケティング･････････････ 25, 26
ユニバーサル・セグメント･･････････ 81
吉原英樹････････････････････････････ 211
余田拓郎･････････････････････････ 9, 43

■ ら 行 ■

ライオン･･････････････････････････ 96
ライセンシング････････････ 111, 112, 113
ライフスタイル変数････････････････ 87
ラマダン･･････････････････････････ 40
リース契約･･････････････････････････ 174
リーマンショック･････････････････････ i
ルイ・ヴィトン･･････････････････････ 141
類似性にもとづく方法･･････････････ 67
レクサス 132, 133, 134, 135, 136, 141, 142
ローカル・ブランド････ 134, 137, 140, 141

■ わ 行 ■

渡辺紗理菜････････････････････････ 178
ワンダフル･････････････････････････ 96

■編著者紹介

小田部　正明（こたべ　まさあき）

早稲田大学商学部・ハワイ大学マノア校教授（ジョイントアポイントメント）、PhD
1987年、ミシガン州立大学大学院経営研究科博士課程修了。テキサス大学オースティン校教授、テンプル大学フォックス経営大学院ワッシュバーン・チェア教授などを経て、2021年より現職。2016-17年にはAcademy of International Businessの会長をつとめる。専門は国際経営・マーケティング論。著書・共編著に、*Global Marketing Management*, Wiley; *The SAGE Handbook of International Marketing*, SAGE; *Global Sourcing Strategy*, Quorumなどがある。

栗木　契（くりき　けい）

神戸大学大学院経営学研究科教授、博士（商学）
1997年、神戸大学大学院経営学研究科博士課程修了。岡山大学経済学部助教授などを経て、2012年より現職。専門はマーケティング戦略。著書・共編著に、『明日はビジョンで開かれる』碩学舎、『マーケティング・コンセプトを問い直す』有斐閣、『ゼミナール・マーケティング入門』日本経済新聞出版などがある。

太田　一樹（おおた　かずき）

大阪商業大学総合経営学部教授、博士（経営学）、中小企業診断士
1995年、神戸大学大学院経営学研究科博士前期課程修了。大阪府立産業能率研究所研究員、大阪経済大学教授などを経て2020年より現職。専門は中小企業経営・マーケティング論。著書・共編著に『生産性向上の取組み事例と支援策』同友館、『コンサルティングの作法』同友館、『ベンチャー・中小企業の市場創造戦略』ミネルヴァ書房などがある。

執筆者紹介 （担当章順）

小田部　正明（こたべ　まさあき）……………………………………はじめに
早稲田大学商学部・ハワイ大学マノア校　教授

栗木　契（くりき　けい）………………………………………第1章、第11章
神戸大学大学院経営学研究科　教授

柏木　千春（かしわぎ　ちはる）……………………………………………第1章
大正大学社会共生学部公共政策学科　教授

今井　まりな（いまい　まりな）……………………………………………第2章
立命館大学経営学部　准教授

清水　恭彦（しみず　やすひこ）……………………………………………第3章
茜丸マーケティングLABO．コンサルタント

比留間　雅人（ひるま　まさと）……………………………………………第4章
株式会社電通　ビジネス開発・プロデューサー

吉田　満梨（よしだ　まり）……………………………………第5章、第9章
神戸大学大学院経営学研究科　准教授

地頭所　里紗（ぢとうしょ　りさ）…………………………………………第6章
龍谷大学政策学部　講師

明神　実枝（みょうじん　みえ）……………………………………………第7章
福岡大学商学部　教授

張　又心バーバラ（ちょう　やうしん　ばーばら）………………………第8章
大阪経済大学経営学部　准教授

杉林　弘仁（すぎばやし　ひろひと）………………………………………第10章
ストラマネジメント株式会社　取締役

大谷　泰斗（おおたに　たいと）……………………………………………第12章
関西外国語大学英語国際学部　講師

上元　亘（うえもと　わたる）………………………………………………第13章
京都産業大学経営学部　准教授

白　貞壬（べっく　じょんいむ）……………………………………………第14章
流通科学大学商学部　教授

太田　一樹（おおた　かずき）………………………………………………第15章
大阪商業大学総合経営学部　教授

1からのグローバル・マーケティング

2017年4月10日	第1版第1刷発行
2022年5月20日	第1版第19刷発行

編著者　小田部正明・栗木　契・太田一樹
発行者　石井淳蔵
発行所　㈱碩学舎
　　　　〒101-0052 東京都千代田区神田小川町2-1 木村ビル 10F
　　　　TEL 0120-778-079　FAX 03-5577-4624
　　　　E-mail info@sekigakusha.com
　　　　URL http://www.sekigakusha.com
発売元　㈱中央経済グループパブリッシング
　　　　〒101-0051 東京都千代田区神田神保町1-31-2
　　　　TEL 03-3293-3381　FAX 03-3291-4437
印　刷　三英印刷㈱
製　本　㈲井上製本所

Ⓒ 2017　Printed in Japan

＊落丁・乱丁本は、送料発売元負担にてお取り替えいたします。
ISBN978-4-502-21851-4　C3034

JCOPY〈出版者著作権管理機構委託出版物〉本書を無断で複写複製（コピー）することは、著作権法上の例外を除き、禁じられています。本書をコピーされる場合は事前に出版者著作権管理機構（JCOPY）の許諾を受けてください。
　JCOPY〈https://www.jcopy.or.jp　e メール：info@jcopy.or.jp〉

碩学舎ビジネス双書

コトラー
8つの成長戦略
―低成長時代に勝ち残る戦略的マーケティング
四六判・344頁
フィリップ・コトラー＋
ミルトン・コトラー　　［著］
嶋口　充輝＋竹村　正明　［監訳］

リーマンショック後、世界経済は低成長地域と高成長地域で2分されている。日本を含む低成長地域の企業が持続的に成長するための8つの成長戦略とは何か。マーケティング界の巨人、コトラーが鮮やかに示す。兄弟初の邦訳。

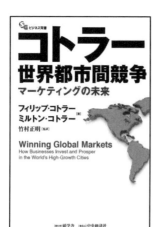

コトラー
世界都市間競争
―マーケティングの未来
四六判・344頁
フィリップ・コトラー＋
ミルトン・コトラー　　［著］
竹村　正明　［監訳］

世界的に都市人口への集中が進む中、企業は成長戦略を国家ではなく都市を念頭に描くべきだ。企業はどう都市を捉え、国家や都市は企業とどう連携すべきか。コトラー兄弟が語る。

発行所：碩学舎　　発売元：中央経済社